凡皆墙是门

金正浩 / 著

化学工业出版社
· 北京 ·

内 容 简 介

　　《凡墙皆是门》是一本重塑成长思维的实践指南，揭示如何将人生障碍转化为突破的契机。作者以真实案例与深刻洞察，指出"墙"并非阻碍，而是命运为成长埋下的考题。

　　全书从"拥抱不确定性"切入，打破对安全感与完美剧本的执念，教会读者在混乱中建立内在秩序。核心方法论强调"微小改变"的力量：通过每日 1% 的进步、设计可持续的行动系统、用微习惯重写人生脚本，逐步撬动命运转机。书中提供实用工具，如"三把决策标尺""弹性冗余思维"，帮助读者在迷雾中锚定方向，将障碍视为训练场。

　　作者倡导"试错者心态"与"逆向思维"，鼓励从失败中汲取经验，用设计力替代意志力硬撑。全书指引读者主动"造门"——不依赖外界条件，而是借持续行动与思维升级，在不确定中掌控人生。当你学会视墙为门、化混乱为跳板，便能从"被困者"蜕变为"破壁者"，活出超越想象的人生。

图书在版编目(CIP)数据

凡墙皆是门 / 金正浩著. -- 北京：化学工业出版
社，2025. 9. -- ISBN 978-7-122-48588-5

Ⅰ. C961-49

中国国家版本馆CIP数据核字第2025KV7479号

责任编辑：夏明慧　　　　　　　　　　版式设计：盟诺文化
责任校对：宋　夏

出版发行：化学工业出版社（北京市东城区青年湖南街13号　邮政编码100011）
印　　装：三河市双峰印刷装订有限公司
880mm×1230mm　1/32　印张7¹/₂　字数136千字　2025年10月北京第1版第1次印刷

购书咨询：010-64518888　　　　　　售后服务：010-64518899
网　　址：http://www.cip.com.cn
凡购买本书，如有缺损质量问题，本社销售中心负责调换。

定　　价：38.00元　　　　　　　　　　版权所有　违者必究

凡墙皆是门，凡障皆为路

你有没有这样的时刻？

- 明明很努力，却好像总被什么挡着；
- 你做了准备、下了决心，却依然走不出眼前的困局；
- 你已经尽力了，却还是怀疑自己是不是"哪里不够好"。

……

生活就像一个不断出题的考官，它的考题从没有固定形式，有时是平静得像湖面的"基础题"，有时却是毫无预警的"附加题"，像风暴一样突然袭来。它不会告诉你答案，却不断在你面前设置一道道"墙"。

而我们，就是在一次次撞墙中长大的。

每一道墙，可能都曾让你怀疑人生；

每一次被困，都让你想逃回舒适区；

每一次跌倒，都让你忍不住问自己："是不是我就只能认命了？"

但我要告诉你——你看到的"墙"，其实是"门"。

是的，每一堵让你抓狂的墙后面，其实都藏着通往成长的通道。但那扇门，不为抱怨者打开，不为放弃者开启，它只属于那些愿意再试一次、再改一次、再走一步的人。

真正阻碍我们成长的，从来不是外部的墙，而是你自己设下的"心墙"：

- "我从来不擅长这件事。"
- "我怕丢脸。"
- "我就是这样的性格。"
- "我已经试过了，没用的！"

……

这些话，每说一次，你就在自己面前砌了一块砖。日积月累，它就变成了一堵厚厚的墙，挡住了你前方所有的可能性。

你不是被命运困住的，而是被思维封锁的。

真正的命运转折点，从不是某天你突然走运了，而是你终于选择推倒自己设下的那堵"心墙"。

反观那些真正活得精彩的人，他们都有一个共同点：他们都经历过困难，都跌过跤，也都迷茫过、焦虑过、被否定过。

但他们没有在那堵墙前转身，而是靠近它、研究它、推倒它，最终穿过去。

你可能认为他们"天生强大"，但事实上，他们只是学会了把每一道墙都当成训练场。

因为他们知道：

· 不确定性，是成长的开场白；

· 被拒绝，是命运给你"修正方向"的提醒；

· 迷茫、焦虑、失败，都不是终点，而是你系统升级的过程。

他们不等"准备好了"才行动，而是一边试错一边调整。他们不倚仗天赋，而是靠每天比昨天好1%的微小进步。

他们的"秘诀"不是特别的机会，而是每天做出那个"我可以更好"的选择。

如果你现在正在某个看不到出路的位置迷茫着，我想对你说：这本书，就是写给你的。

它不是一本喊口号的励志书，而是一本行动说明书。

它会陪你：

· 理解"混乱"其实是命运在重新布阵；

· 学会在失败中重拾方向感；

· 建立属于你的成长系统，不靠冲动，只靠设计；

- 放下"完美主义"，勇敢成为"试错者"；
- 用微小改变撬动人生路径；
- 把逆境变成资源，把困境变成力量。

我们常说，"人生如逆旅，我亦是行人"，但这段路你不必一个人走。这本书，是写给每一个走在路上的人的。它不是保证你一路顺风的护身符，而是让你在风雨中依然能看见门在哪儿的灯塔。

请记住，你不要等机会降临，而是要创造机会，主动造门。

你不必等世界变温柔，你要先学会让自己变得强大。

你脚下的路，从来不是已经铺好的，而是靠你每一次不放弃、每一次选择做得更好一点，为自己铺出来的。

"凡墙皆是门"不是一句美好的愿望，而是一种活法。

这本书，会告诉你：

当你撞上那道"我过不去"的墙时，如何在心里造出一扇门；

当你被生活围困时，如何从混乱中找到突破的缝隙；

当你原地踏步时，如何用微小的行动获得成长的感受；

当你怀疑自己值不值得时，如何重新唤醒那个愿意选择成为卓越自己的你。

我知道你可能已经累了、烦了、想放弃了，但请你再坚持一下，再靠近一点。你以为自己撞的是墙，其实，那是通往更好的你的一扇门。

而这一次，请你别转身。推开它，走进去。

因为——凡墙皆是门，凡障皆为路。

著者

▎目 录▎

第一章

人生最大的确定就是 "不确定性"

—

在这个充满变化的世界里，唯一不变的，就是它永远在变。我们被教育要规划未来，却很少被教会如何与混乱共处。当你不再恐惧生活中的"不确定性"，而是学会与之共舞，你才真正踏上了掌舵自己命运的航程。

这世界本就没有剧本

很多人活得疲惫，不是因为经历了什么特别的事，而是因为心中总在演一部"自己设定好剧本"的戏。我们在脑海里写下角色设定、台词安排、发展轨迹，然后用尽一切努力，让现实照着这个剧本走。

但问题是：世界从来没有答应你，生活会照你的剧本来演。

你期待升职加薪，可公司突然裁员；你憧憬一段长久的关系，却迎来了突如其来的告别；你计划三年后买房结婚，现实却让你遭逢一场疾病、一场变故。

于是你愤怒、焦虑、痛苦，觉得生活"捉弄人"、命运"不公平"。其实，真正让你难过的，从来不是现实，而是你不肯放下那个"早就写好的剧本"。

这个世界不是一场按部就班的舞台剧，它更像一场即兴表演。你不知道下一个片段会发生什么，不知道下一个人会扮演怎样的角色，也不知道剧情会在哪一刻突然反转，你没法决定整出戏的走向。你唯一能掌控的，是此刻这一幕你是否真情投入、心无旁骛地去演。

一位中年男子曾经事业有成，家庭美满，一切都按照他的"人生剧本"推进着。然而某一年，他的妻子突发疾病离世，他的事业也因为一次金融风暴而被摧毁。

他的世界崩塌了。他在自责、愤怒与无助中不断追问："为什么偏偏是我？这一切不应该是这样。"他试图去"修复剧本"，幻想让一切回到原位。但现实并没有回应他的抗议。他活在过去与未来的不断撕扯中，整整两年都像一个失了魂的空壳，浑浑噩噩地熬着时光。

直到有一天，他在一个寂静的清晨走进森林，坐在一块石头上。那一刻他第一次没有回忆过去，也不再担忧将来。他只是静静地坐着，听风穿过树叶的声音，看阳光洒在脚边。他突然意识到，自己其实一直没有活在真正的"现在"。

那一刻，他哭了。他不再试图"回到过去"，也不再强求"走向预设的未来"。他开始允许生活以它自己的方式展开。

后来，他并没有"东山再起"成为什么成功人士，而是开了一家小木屋书店，每天读书、散步、与人交流。他说："不是我重新掌控了命运，而是我终于不再试图掌控它了。"

这就是"放下剧本"的力量。

当你不再执着于"它应该怎样"，你才开始真正体验"它现在是怎样"。

当你不再用脑子里写的剧本给现实施压，你才开始用心去经历当下的每一刻。

真正的痛苦，不是来自现实中的变化，而是来自我们抗拒变化而产生的内耗。

你希望某段关系永远不变，可人是会成长、分流、走散的；你希望事业按规划节节高升，可市场、环境、趋势从不会提前打招呼；你希望自己永远健康、年轻，可时间从不与你商量而依然前行。

越是试图"控制一切"的人，越容易在不确定性中被折磨。因为这个世界唯一确定的事，恰恰就是：一切都在变化，一切都无法被完全控制。

你不必害怕变化，它不是你的敌人，而是你成长的催化剂。

你不必执着于剧本，它不是安全感的来源，而是焦虑的制造者。

你要学会的，是在每一个"不如预期"的节点，依然可以驻足、觉察、顺势而为。

有一句话说得好："如果人生本就是一场即兴演出，那你最该学会的不是背好台词，而是跟现实对话。"

你要开始问：

如果这一切本来就没有剧本，我会怎么回应眼前的情况？

如果没有"应该怎样"，我是否能全身心投入"现在是什么"当中?

　　如果变化是常态,我能否练习在风中站稳,而不是等待风停?

　　别再等剧本完美了再开始表演,人生本来就没有完美剧本。你是演员,同时也是编剧,但不是命运的导演。你无法写出接下来会发生什么,但你可以决定用什么姿态去迎接它。

"安全感"是一种幻想

小时候，我们觉得只要父母在身边，世界就不会崩塌；长大后，我们以为只要有份稳定的工作、一段稳定的关系、一张有一串数字的银行卡，就能安心生活。我们拼命地"安排""计划""预防"，以为这样就能建起一座足够坚固的堡垒，抵挡未来的风雨。

很多人穷尽一生，都在寻找一个叫"安全感"的东西。但生活一次又一次地提醒我们：安全感，并不是你能抓住的东西。

再稳定的工作，也可能在一纸通知下失去；再亲密的关系，也可能在某天说散就散；再健康的身体，也可能在一次体检中发出警报。想想看，是不是这样？

很多人即使按照"剧本"活着，也依然会陷入焦虑、失控、无助的困境中，因为他们发现，原来自己信以为真的"安全感"，根本不安全。

现代人对"安全感"的执着，其实是一种对现在的担忧和对未来的幻想。真正的安全并不来自世界的稳定，而是来自你能否在变化中保持清醒、自在。

这让我想起一位著名的科技企业家——他曾是硅谷创业明星，30岁前就拥有数亿美元的资产，被媒体称为"天生赢家"。然而，在一次融资失败、与合伙人分裂之后，公司被迫出售，一夜之间他从聚光灯下跌入黑暗之中。过去拥有的一切——金钱、团队、声誉、社交圈等，瞬间瓦解。

在这场风暴中，他经历了极度的焦虑、愤怒与怀疑。他尝试快速启动新项目，却都以失败告终。他曾以为"有钱、有资源、有能力"就能控制人生的方向，可现实狠狠给他上了一课：没有任何外在的东西能提供真正的安全感。

他决定彻底停下来。他去了东南亚旅行，独自住在山中小屋，开始练习冥想与正念，在每日与自然的对话中，慢慢与自己建立起一种从未有过的联结。他不再试图用计划和结果来获取安全感，而是学会了：我不需要知道接下来会发生什么，我只需要过好现在正在发生的这一刻。

回来之后，他并没有急于重返商业战场，而是更有意识地选择与一群志同道合的人共同创立了一家"缓慢生长"的科技公司，专注于生产有长期价值的产品。他不再追逐"快、猛、赢"，而是重建了一个节奏稳定、内心富足的生活与事业结构。

几年后，这家公司成为行业隐形冠军，而他也重新成为媒体关注的焦点。但这一次，他说："我不再依赖成功本身带来的安全感。我的安全感来自我知道无论发生什么，我都不会迷失自己。"

这就是从外在控制感转向内在掌控感的过程。

真正的安全感，不来自你拥有多少外在资源，而来自你与"此刻"之间的关系。

即使有再多的存款、计划、保险、人脉，但只要你不能在当下稳住自己的内心，焦虑就会如影随形。你越是想控制未来，越容易陷入对不确定性的恐惧之中；你越是依赖某种安排，就越容易在变动中失控。

因为这个世界从来都不是为了让你"按计划活着"而运转的。

安全感真正的谎言，是它让我们误以为"如果外界安排好了，我就能好好活"。但事实恰恰相反：只有你先好好活着，你才有能力去应对任何安排。

想要走出"安全感的陷阱"，你可以从以下几个方面开始练习。

1. 把注意力从"未来的设想"拉回到"当下的存在"

我们常说 "我担心以后会怎样怎样"，但问题是，这个

"以后"并没有发生。你真正的焦虑，来自你脑海中对未来的假想，而不是现实本身。你越能回到此刻，就越有力量面对眼前真正的问题，而不是陷入对想象的恐惧。

2. 练习"什么都不确定，我依然可以活得好"

这并不是放弃人生，而是一种强大的心理支撑。你告诉自己："哪怕今天突然转弯，我也有能力重新走下去。"这种灵活性，反而是更高阶的安全感。它不依赖于外物，而是信任自己有应对变化的韧性。

3. 允许生活本身是不稳定的

就像季节更替、天气变化，人的情绪、人际关系、际遇也有起伏。你不需要去抗拒变化，而要学会像水一样，适应它、穿过它、与之共舞。最柔软的，往往是最强大的。

4. 把"稳定"从结果导向转向过程导向

很多人以为安全感是"实现某个结果"，比如买了房、存够钱、找对人。其实更真实的安全感，是你每天都在过"你自己认可的生活"。你可能还没实现目标，但你在认真地往前走，那就是一种深层的安稳。

你越能在混乱的世界中找到自己的节奏，你越不会被风浪带走；你越能在变化中看清自己的内核，你越不会被未知击倒；你越能在"没有安全"的状态下保持内心清明，你就越是自由的。

　　记住，安全感不是因为你有控制一切的能力，而是你拥有在任何不确定性中都能找回自己的能力。

拥抱混乱，而非控制它

我们这一代人最常说的一句话，可能就是："我想把一切安排好。"

我们喜欢制订计划、设定目标、做时间管理、建立规则，把生活规划成一张干净利落的清单——周一锻炼，周二读书，30岁前晋升，35岁买房，40岁实现财富自由……

很多人以为，只要按部就班，世界就会按照我们的意愿展开。但现实却总有自己的"玩法"——项目突然被砍、感情突然变调、身体突发状况、情绪毫无预警地崩溃等。

混乱就像生活中不断闯入的一股风，你关掉这扇窗，它就从那扇门进来。你越想控制它，它越不受控。

而真正聪明的做法，从来不是彻底消灭混乱，而是学会与混乱共存、共舞，甚至从中获得力量。

混乱只是思维抗拒现实的状态。不是外部世界太乱，而是你的头脑不接受它的样子。人生不是一个可控系统，而是一个充满变量的生态系统。你能做的，从来不是"让一切有序"，而是在无序中锻造出一种属于你自己的"内在秩序"。

约书亚·贝尔是世界顶级小提琴家之一，他在卡内基音乐厅的演出门票曾一票难求。但你知道吗？他曾在一次试验中，穿着便装，在美国地铁站演奏名曲，结果几乎无人驻足，只有几位小孩短暂停留，大部分人匆匆走过，却没有意识到眼前这位是世界级的大师。

这一事件震惊了无数人：为什么在美妙的音乐面前，观众却不愿停下聆听？

答案很简单——因为在混乱的环境里，人们的注意力无法聚焦。

而贝尔自己却说了一句话："我不介意混乱，我只是想看看，在这种背景下，我能不能找到自己的'声音'。"

这就是大师心态——他没有被周围的嘈杂打乱节奏，反而试图在这个"不受控"的环境中，练习自己是否仍能沉浸其中、仍能专注、仍能演奏出完整的乐章。

这就是我们每个人要学的事：在混乱中找到自己的节奏，在被打断后仍然继续，在失序中保持觉知。

现实生活中，很多时候你可能会遇到以下场景：

·本来今天计划写完一篇报告，结果因临时被叫去开会而心烦气躁，以致事倍功半；

·下定决心健身三天，却因朋友聚餐、工作应酬打断了节奏，以致放弃了；

· 刚刚想沉下心来学习，手机却接连响了三次，注意力彻底崩盘……

你是否曾幻想，如果生活能给我一段安静的、不被打扰的、完全属于我的"完美时段"，我一定能爆发奇迹般的效率。

但你要知道，完美时段并不存在。成长的关键不是"等混乱过去再开始"，而是"学会在混乱中启动"。

作家伊丽莎白·吉尔伯特（《美食、祈祷和恋爱》的作者）曾说过，她写书时最常做的事不是灵感爆发，而是"打断之后的回归"。她说："我永远无法完全掌控写作时段。真正的创作，是在狗吠、情绪崩溃、失眠和邻居装修中完成的。"

那么我们普通人如何练习"拥抱混乱"呢？

1. 停止与混乱对抗，开始与它协作

混乱是一种"生命状态"，不是"系统崩坏"。每一次生活被打乱，不是坏事，而是提醒你要"重新排列优先级"。不要试图压制它，而是要问自己：我现在最该做的是什么？

2. 给自己预留"非计划区"

你不可能规划好生活中的每一分钟。聪明的做法是：计划混乱的到来，每天预留出"不可预知"的时间。只有不把自己压在完美日程下，才能在现实的意外中保有余地。

3. 从混乱中提炼微秩序

即便外界一片嘈杂，你仍可以有自己的"秩序锚点"：花

五分钟冥想、写下三件感恩的事、每天固定做一点什么。再小的秩序，都是你和混乱对话的"入口"。

4. 把混乱当作一次"真实演练"

你正在经历的那些打乱节奏的插曲，其实就是你通向成熟的考试题。每当你在混乱中坚持了一次练习、完成了一次任务、控制住了一次情绪，你就更强了一分。

我们都可以理解的是，混乱是人生痛苦的一个主要来源。不过，你越是能从中抽离、调整，你的人生系统就越强大。所以，别再渴望"清理混乱"之后才开始行动，而是要告诉自己：在混乱中我也可以开始行动。

人生本就不是井然有序的画卷，它更像一支即兴演奏的乐队。有人走调，有人踩点，有人突然飙高音——但你依然可以找到自己的节奏，用自己的方式奏出独一无二的旋律。混乱并不可怕，真正的自由，是在混乱中依然拥有内在的方向感。

做一个风暴中的航海者

古代航海技术远不如现代精准，但罗马商人依然能够穿越风浪，建立起庞大的贸易网络。他们成功的秘诀在于：不是避免风险，而是与风险共存。

他们不会依赖单一的航线，而是设立多个替代港口；不会押上全部货物，而是分批托运、避免一次性损失；不会等到风暴过去才出发，而是学会判断风向、调整风帆，在风暴中找到可乘之机。

这种体系，不是依赖完美的计划建立起来的，而是在不断试错中修正，在波动中优化。换句话说，他们不是等到"万无一失"才出发，而是训练自己在"不确定性"中前行的能力。

而人生亦是如此，很多时候就像一艘驶入陌生海域的船，面临着诸多的变数。

你原以为目的地明确、天气晴朗、风向可测，但没多久，天变了，浪起了，导航仪失灵，你突然意识到：这趟旅程比你想象的更不可控。你慌了神，试图抓住什么，却发现唯一可以依靠的，是你在风暴中自我掌舵的能力。

有些人并非在稳定中成长，而是在风浪中训练出真正的适应力。他们不是等待一切就绪再起航，而是懂得只有在不确定中锤炼出的系统，才是真正稳固的系统。

这不只适用于古代的罗马商人，也适用于我们每一个人。

我们也许不需要面对海上的风暴，但生活中那些突如其来的裁员、分手、失业、家庭矛盾、健康危机等，就是我们要面对的"恶劣天气"。你是慌乱地掉头靠岸，还是学会在浪中找风、在风中调帆继续前行？这之间的选择，往往决定了你是否能走出迷雾、驶向更广阔的人生航道。

来讲一个真实的励志故事。

我有一位朋友，曾经是年薪几十万的线下辅导老师，课程场场爆满，是许多年轻人心目中的榜样。他为自己设计好了一条"安全航线"：工作稳定、买房结婚、40 岁前晋升教学总监。

然而，谁都没想到，他所在的教育公司在市场判断上出现了严重错误，资金链断裂，不得不开始大规模裁员，而他一夜之间被"优化"。不仅工作没了，甚至连之前所规划的生活蓝图也开始崩塌。他失眠、焦虑，甚至一度怀疑自己"是不是已经被时代淘汰"。

那段时间，他像是驶入了一片没有灯塔的黑海。可他做了一件很多人没想到的事——不是死守原来的航道，而是调转航向重新学习"航海术"。

他没有盲目投简历，而是开始系统性地研究新兴的在线内容创作和知识付费平台。他分析平台算法，学习视频剪辑，研究用户画像，并把自己曾经的线下教学经验转化为更适合网络传播的内容形式。他开设了自己的教育账号，开办直播课程，从最初几百人观看，到后来数万粉丝稳定付费。他甚至联合多位同行创办了在线教育社群，反向输出给其他转型者。

不到一年，他的月收入不但恢复到从前的水平，甚至突破了原有的上限。更重要的是，他不再依赖某一家公司、某一种岗位。他说："我现在才发现，以前我以为那份工作是港湾，其实只是一个安全区，而现在的我，是可以开船去更广阔的地方的人。"

风暴摧毁了他原来的航船，但也让他造了一艘更强大的船。

你看，那些在人生风暴中活下来，甚至活得更好的人，有一个共同点——他们从不等待完美条件，而是懂得在混乱中迅速适应，并从中提取新的路线图。

他们像真正的航海者一样，不只依靠一种工具，不只相信一个方向。他们知道，不确定性并不可怕，可怕的是你太依赖确定的事。

如果你也正在经历一场风暴，请记住以下几点。

1. 不要押注人生的"单一路线"

罗马商人懂得分批托运、设立备用港口。你也需要如此，别让自己的人生只依赖一份工作、一个人、一种生活方式。越是多元的可能性，越是你在变动中能活下来的"浮标"。

2. 风暴不是终点，而是逼你升级的信号

很多人对突如其来的危机感到愤怒，是因为它打乱了原计划。但正是这些打乱，才能暴露原本系统的漏洞，你才能因此重建更牢、更稳的新系统。别想着"等风过去"，而是思考"我怎样借风前行"。

3. 你真正能依靠的，是你应对混乱的能力

不是谁给你一个完美的平台，而是你自己能不能在平台倒塌时站得住。训练自己成为混乱中依然有方向的人，这是最值得投资的能力。

4. 在最乱的时候，别加速，先稳住船身

面对混乱，很多人的第一反应是"赶快找替代"方案，结果反而更慌。真正的航海者，会在风浪最大的时候收紧帆布、抓紧舵柄，不慌张、不冒进，等待最合适的转向点。

风不会停，海也不会告诉你接下来会发生什么。但你可以做的，是成为一个不断修补帆布、更新地图、调整方向的航海者。

你不是为了逃避风浪而活着，而是为了穿越风浪，看到不一样的世界。

不确定，是改变命运的邀请函

每一次命运拐弯的地方，总会站着一个"不确定"的路标。

它没有方向牌，没有说明书，也不会给你承诺，只用一种模糊不清、令人犹豫的方式站在你面前——可能是一个突然出现的机会、一个让你忐忑的决定，甚至是一段"看不出意义"的等待期。

你可以选择绕开它，回到原来的安全路线；你也可以走上前，哪怕没有完全准备好，哪怕什么都不确定。

而很多时候，你的人生正是从这个选择开始悄然改变的。

我们无法决定事件的发生，却可以决定我们如何回应事件。而正是在不确定来临的瞬间，我们的回应塑造了我们真正的命运曲线。

很多人误以为命运是写好的，是某种线性的脚本——你考上什么学校、从事什么行业、在哪个城市定居。但事实上，那些真正拥有非凡人生轨迹的人，几乎无一例外都经历过一些"不确定性事件"，并做出了不同于常规的选择。

比如畅销书《一切皆可解决》的作者玛丽·弗里奥。她大学毕业后曾在华尔街工作，那是一份"别人眼里完美的工作"：稳定、体面、收入高。但她在某个加班的夜里，突然对着电脑屏幕问自己："如果我这一辈子都只做这个工作，我会满意吗？"

答案是：不会。

弗里奥不知道自己真正要做什么，但她知道自己不想继续这样下去。于是她辞职，开始去酒吧当调酒师，只为了能有时间研究她热爱的写作与舞蹈。其间，她做过无数兼职，走过无数弯路，连她自己都说："我那时只知道不想要什么，却不知道自己能不能活得下去。"

但就是这段最不确定的时光，让她慢慢摸索出自己的方法论，并最终成为全球最具影响力的女性成长导师之一。她说："我生命中最重要的决定，都是在不确定的时刻做出来的。"

因为她明白一个道理："不确定"不是危险，而是邀请。它邀请你放下默认程序，重新编写代码。

这种"邀请"的本质，是让你重新使用自己最核心的能力——意志力、直觉力、选择力。

一位心理学家曾经说过，真正让人感觉"活着"的时刻，往往不是在一切顺利、按部就班的时候，而是在你挑战未知、投入其中、神经全开的当下。

也就是说，生命的意义，不在于"搞懂一切"，而在于你是否愿意走进那些"搞不懂的地方"，去体验成长的动态过程。

我们也可以讲一个现实中常被引用的经典人物——霍华德·舒尔茨，星巴克前CEO。

小时候，他家境贫寒，住在布鲁克林的平民公屋中，父亲是卡车司机。他的人生并没有"显而易见的成功预示"。但有一次，他偶然走进一家小型咖啡店，被那种"第三空间"的温暖氛围打动了。他萌生了一个不被看好的想法："咖啡，不该只是咖啡，而应该是一种文化体验。"

他放弃了当时已经稳定的销售高管职位，毅然决然地要把这个想法变成现实。当时，朋友和家人都劝他别做这种"没人懂的东西"。但他坚持了下来。

那是他人生最大的"不确定邀请函"。他没有回避，而是欣然接受了那张命运的请柬。

如今，星巴克已经成为全球最具影响力的品牌之一。

你看，命运从不大声喧哗，它只是静静地，把改变藏在"不确定"里，问你一句：你敢不敢选我？

我们普通人可能没有霍华德·舒尔茨那样的商业野心，也没有玛丽·弗里奥那样的光环，但我们每天都面临着自己的"小邀请函"：

要不要报名那个你心动已久却迟迟没报名的课程?

要不要尝试一次公开表达,哪怕可能被否定?

要不要向那个你佩服的人发一封邮件,哪怕你觉得自己还不够好?

要不要跳出眼前熟悉的舒适模式,哪怕代价是面对陌生的一切?

这些小小的"不确定"时刻,不起眼,却可能是你命运的分岔口。

你以为命运只会眷顾那些有背景、有资源、有计划的人。可事实是,命运往往更喜欢那些哪怕不知道结果也愿意走第一步的人。

所以,当不确定再次敲门时,请不要慌乱,也不要马上回避。请告诉自己:"尽管这并不在我原来的剧本里,但也许,它就是命运给我的隐藏彩蛋。"

去接住它,哪怕只是象征性地前进一点。你不知道这扇门后通往哪里,但你可以知道:站在门口不动的人,是永远不会看见门后的风景的。不确定,不是终结,它是命运递出的邀请函,请你用选择的权利和内在的意志力,亲手打开它。

在迷雾中决定方向的三把标尺

人生有时就像走进迷雾森林——你不知道前方是山谷还是悬崖，不确定该左转还是右转，更不敢贸然前行。

这时，我们最容易被不安、怀疑、惰性拖住脚步："万一错了怎么办？""是不是再等等？""我不确定这是不是'对'的方向……"

但你越是等"完全确定"，越可能错过真正的机会。在不确定中犹豫不决，才是最大的浪费。

所以真正强大的人，并不是"看清楚了才出发"，而是掌握了在迷雾中前进的能力。他们懂得用自己的"标尺"来测量当前的方向，做出清晰、务实、不后悔的选择。

我们不需要等待迷雾完全散去，而是要拥有穿越迷雾的能力。你的人生方向，不靠"看得见"，而靠你内心的三把"决定标尺"。

标尺一：这个决定，是否与你的长期价值观一致？

第一个判断标准不是"现在划算不划算"，而是它是否能让你接近你真正想成为的人？

想象你在做一个重要抉择，比如：要不要换工作？要不要接受一个看似高薪但违背你原则的机会？这时候，请先回到自己的人生价值观清单上，问自己三个问题：

这个选择，会让我更接近我想要的人生状态吗？

这个选择，会让我更自由、成长得更快，还是更束缚、更消耗？

这个选择，是出于热爱和信念，还是仅仅出于恐惧和焦虑？

如果一个选择很有诱惑，却让你背离了"自由、成长、真实"等价值，那它只是看起来"对"，但会让你偏离轨道。

1994年，杰夫·贝佐斯在华尔街一家对冲基金担任副总裁，年薪百万，前途光明稳定。按常理说，他已经站在大多数人梦寐以求的人生高度上。

但在一次偶然的网络报告中，他发现"互联网每年增长2300%"。这个数字点燃了他内心长久以来对科技、对创新的热爱。他萌生了一个疯狂的念头：离开高薪职位，去西雅图创业，做一个网上书店。

这在当时是不可理喻的决定。

所有人都劝他"别冲动""互联网不靠谱""你现在的工作多好啊"。但贝佐斯没有被说服。他给自己设定了一个判断框架，他称之为"后悔最小化框架"（Regret Minimization Framework）——"在我80岁回顾人生的时候，我希望我能少一些后悔。我知道,如果我不试试互联网创业,我会后悔;但如果我试了、失败了,至少我不会后悔我没有尝试。"

这就是价值观的力量:不是看哪条路现在更安全,而是看哪条路将来回头看更契合你想成为什么样的人的愿望。

他不是冲动离职,而是有意识地选择了那条虽然不确定但对自己来说内在吸引力更强的道路。就这样,贝佐斯从稳定的华尔街金融界跳入一无所有的创业世界,在自己的车库里成立了亚马逊。起初他只是卖书,后来逐渐扩展品类、重构电商逻辑,最终使亚马逊成为全球最具颠覆力的科技巨头之一。

标尺二:这个方向,是否让我开始"产生能量"?

判断一个方向对不对,还有一个关键:它是不是在唤醒你?

也就是说,你是不是在做的过程中,哪怕累,也觉得"我活得有血有肉"?

这并不意味着你不辛苦,而是你越做越觉得"我愿意为它付出",哪怕前方不确定,也觉得"我值得赌这一次"。

一个值得走下去的方向,不是最有保障的那个,而是那个让你开始"闪闪发光"的方向。

丽芙·博瑞曾是牛津大学的天体物理学高才生,在一次扑克培训活动中意外接触到德州扑克。她被这个结合逻辑学、概率学、心理博弈的竞技游戏深深吸引了。

所有人都劝她"别瞎折腾",但她越接触越有劲。她说:

"我发现自己愿意凌晨三点研究概率，只因为我太爱这件事了。"

她跟随这种"能量感"，放弃了原本的科研之路，全职做职业牌手。几年后，她不仅赢得世界扑克冠军，还创办了"理性慈善基金会"，以回馈社会，被BBC和《时代》杂志称为"改变世界的一张牌"。

很多时候，你不是不确定方向，而是你没有留意——什么事情让你重新"燃"起来了。

标尺三：这个选择，是否比"原地等待"更有增量？

第三把标尺，是最简单却最实用的一把：你现在的选择，是不是比什么都不做更好？

这是很多成功教练反复强调的"行动标尺"：不要总等"更好的时候"再去行动，要学会现在就行动起来，看一看会发生什么。

你不知道该不该做副业，不如先花半小时试着写一篇文章试试；

你不确定要不要创业，不如先花一周时间调研一下市场情况；

你还在纠结是否要跳槽，不如先重新梳理简历，投一次试试。

行动是最好的导航。就像开车夜行，你的灯光照不见终点，但你只要能看清前20米，就能继续前行。你不需要确定整条路，只需要先走第一步。

畅销书作家兼咨询教练詹姆斯·阿尔图切曾经历多次破产、抑郁、低谷。在一无所有的状态下，他每天只做一件事：写10个想法，无论是赚钱的点子、文章主题，还是生活改进建议。

他管这叫"点子肌肉锻炼"。

他说："我没办法控制明天能不能好转，但我能控制今天有没有多想一点、写一点、做一点。"

这个"每天一点"的增量逻辑，最终帮他积累了影响力、找到商机、重新出发。

不是所有选择都要"完美"，有些方向，只需要"比停下更好"就值得走。你不需要"绝对清晰"才出发，也不必等到"条件齐全"才转弯。

真正能在不确定中前行的人，靠的不是"天生就知道"，而是他们学会了使用方向判断的三把标尺：

- 价值观一致，是你的信念之锚；
- 产生能量，是你状态的体感信号；
- 比等待更好，是你眼下的确定性。

请记住这句话："看得清的，不一定是对的；模糊中坚定迈出的那一步，往往才是人生真正的突破口。"

你的人生不会总有方向牌，但你可以学会看内心的指南针。哪怕眼前迷雾重重，也请不要停下脚步。

真正的准备，是为意外预留余地

许多人误解了"准备"这两个字。他们以为，准备就是把事情安排得井井有条、每个细节都在掌控之中，哪怕凌晨三点都能从床上跳起来交出答卷。于是我们拼命制订计划、设置提醒、画甘特图，把生活压缩进一张严丝合缝的日程表中，仿佛只要每一步都执行到位，未来就会照剧本来演。

但生活从不是演剧本。它更像是一场即兴的表演，你永远不知道下一个动作会由谁开启。真正的准备，从来不是把人生安排到极致，而是为那些你预测不到的意外留出转身的余地。

桥水基金创始人瑞·达利欧有一句非常有力的话："不要让你的人生系统在最理想的情况下才能运作。"他说，人们在面对人生规划时，常常只基于"最佳假设"做出决策，却从不问自己：如果计划之外发生了什么，我还能应对吗？

达利欧用投资做类比。他说，一家成熟的基金公司不会把所有资金押在一只看好的股票上，即便你认为它有99%的胜率。因为那1%的不确定一旦发生，就足以把一切打回原形。

这种"冗余思维"，其实正是准备的最高智慧。

被很多人奉为人生逆转范本的《当下的力量》的作者埃克哈特·托利，也有类似的领悟。他曾在剑桥大学就读，逻辑缜密，是个典型的"规划控"。可在长达20多年的焦虑与抑郁中，他发现，越是试图把生活安排清楚，生活反而越容易崩盘。

有一次，他正准备前往德国做一场演讲，但途中航班延误，住宿出了问题，准备的讲稿也在系统中消失。他本以为自己会像过去那样陷入焦躁，但那次他选择冷静下来，接受所有"不在掌控中的部分"。他没有试图挽救旧计划，而是在现场即兴讲述自己的"混乱体验"，结果反而成为他最受欢迎的一场演讲。

那天他第一次深刻明白：准备的本质，不是安排一切，而是你是否能够接受一切，重新安排。

人生并不需要你事事掌控，它更希望你拥有面对变化时的余地感、弹性与信任感。正是这些"空间"，让你在未来偏离计划时不至于摔得粉碎，而是有机会修正、迂回，甚至重建。

很多成功者的人生，并非如履薄冰地"避险"，而是在每一层都预留喘息与重构的空间。

真正能支撑一个人在巨变中不倒的，不是提前把生活规划得有多完美，而是你有没有多留一层"我还有选择"的可能。

太多人的人生系统崩溃，并不是因为灾难太大，而是因为系统太紧绷。一旦出了差池，就无从转身。

这些人生系统之所以脆弱，不是因为外界的破坏力太大，而是它们在设计时从未预设"人生出错的可能"。

而你真正该做的，是不要把你的人生设定在"只有一条路能走"的模式上。你可以有主力方向，但也应该有可调整的支线；你可以追求效率，但也要为突发状况留出喘息的"混沌区"；你可以设定目标，但别忘了给自己一份"如果不能实现，我仍值得被爱的备选答案"。

你不必活得像一部完美的机器，而可以活得像一个有弹性的生态系统——可以偏航，可以试错，可以受伤后愈合。

稳健，不是紧绷；真正的安全感，来自你知道自己即使一切不按计划，也还有力量继续往前。

请你别把生活安排到极致，而要在重要的位置上留出一些空白；别把人生逼进死角，而要给自己留有回旋余地；别等所有条件都完美再开始行动，而是要告诉自己"我可以在混乱中修正，在变化中成长，在不确定中继续往前走"。

如果你能真正这样想，所有挡在你面前的墙都可能会自动为你打开一扇门，让你不断通向你人生的更好的阶段。

第二章

把墙当作你的朋友，才能找到成功之门

—

不是每一堵墙都是来阻挡你的，有些其实是命运设下的考题，用来提醒你：你的方向错了、方法旧了，你该升级了。与其视障碍为敌，不如将它当作伙伴，学习如何与之对话、如何跨越它。当你真正理解了这堵墙的意义，你会发现——墙的后面，其实一直有一扇门在等你推开。

每一次阻碍，都是一次提醒

在人生旅途中，我们时常会撞上一堵"看不见的墙"——计划推不动了，梦想卡住了，情绪崩了，人际关系变冷了。你拼命努力，却好像永远都差那临门一脚。你焦虑、烦躁、愤怒，甚至想一头撞碎这堵墙。

但你有没有想过，也许这堵墙，并不是要阻止你前进，而是提醒你停下、转向、觉察、升级的信号？

当遇到事情不顺时，积极主动的人，不是抱怨环境，而是寻找新的路径。换句话说，阻碍不是惩罚，而是提醒你：继续用原来的方式已经走不通了，现在你可能是时候换一种策略了。

在我看来，所谓的"撞墙期"，其实是成长的前兆，只不过它的模样不那么体面。它会让你怀疑自己，停下脚步，陷入迷茫。但请你别急着否定这段经历，因为很多成功者的人生转折，恰恰是从"被卡住"开始的。

知名女性作家伊丽莎白·吉尔伯特，在出版畅销书《美食、祈祷和恋爱》之前，曾连续5年被几十家出版社退稿。她不停写，不停投稿，不停被拒。她说，那段时间简直像是每天撞墙：不是冷漠的退稿信，就是彻底石沉大海的无回应。

她并不是不努力，只是她所坚持的写法与市场脱节，她一度怀疑自己是否该"妥协"，转写流行类型小说。在她几乎要放弃时，灵感突然转向——她开始写"给自己看的作品"，把自己对婚姻、信仰、欲望的思考写进字里行间。

那个阶段，没人买账，但她自己感到前所未有的"对劲"。

不久后，机会突然降临。《美食、祈祷和恋爱》横空出世，全球热销，被翻译成30多种语言，被改编成电影，成为现象级作品。

后来她回忆说："我庆幸那些年没有成功，因为那段困住我的时间，让我写出了真正属于我的声音。"

她所经历的，不是失败，而是成长的预备期。那堵看似让她原地踏步的"墙"，其实是在提醒她：是时候调整方向，听见内在更真实的声音了。

真正的失败，是你拒绝去理解失败的意义。而那些一次次出现在你路上的障碍物，不是命运开的玩笑，而是你还没学会的那一课。

你写的方案一次次被否决，也许是在提醒你——你的表达方式需要升级；你苦追不舍的目标反复受挫，也许是在提示你——这不是你真正想要的方向；你倾注心力的关系最终破裂，也许是在保护你不被拖入更深的陷阱。

"墙"之所以存在，很多时候并不是因为你不够努力、不够聪明，而是你旧有的认知、方法、节奏已经不适用于下一阶段的你了。它不是来让你让步的，而是来告诉你：现在，你该准备变得更好了。

那我们该如何面对生活中"突然被卡住"的时刻？

1. 不要急着推墙，要先看清墙

问问自己：我被困在哪里？是思维、方法、方向，还是执念？很多时候，阻碍你的不是现实，而是你不愿放手的旧有的路径。

2. 换个角度看待受挫期

这不是倒退，而是一次"内部升级"的缓存过程，正如手机系统更新时会卡顿一样。你需要的，是一点耐心和重新配置时的勇气。

3. 把墙当作"引导者"而不是"敌人"

墙会让你慢下来，提醒你：也许你忽略了某个重要的问题，也许你该看看别的路，也许你还没准备好。

4. 尝试小步试探，建立新的通道

不是非得一次翻墙，而是试着绕墙、掏洞、寻找门缝。哪怕只是一个小尝试，也可能打开一个新路径。

很多人成功之前，都不是"一帆风顺地冲刺"，而是"撞了几次墙，终于找到了门"。墙不是终点，而是通道的转弯处。你停下脚步，不代表失败；你若转身看一看，也许就能看到门把手。

与其抱怨，不如好好利用这堵墙

人生中出现很多困境，并不是要你绕过，而是要你利用上。

当你一次次面临被现实拦住、计划被打断、情绪被压垮时，你可能会下意识地抱怨："为什么又是我？""凭什么我这么倒霉？""我都这么努力了，为什么还是不行？"但你是否意识到，你花在抱怨上的力气，其实足够让你前进一步了。

在《少有人走的路》这本书中，作者M·斯科特·派克开篇第一句话就是："人生本来就很苦。"这不是消极认命，而是提醒我们：真正成熟的人，是在接受苦难之后知道选择如何面对它的人。

当我们不再纠缠于"为什么"，而转向"怎么办"，你才真正开始成为生活的参与者，而不是情绪的俘虏。

每个人都会遇到"卡住"的时刻，那堵墙可能是一次拒绝、一段低谷、一个转行的犹豫期，甚至只是一次自我否定。但不同的人，会用不同的方式对待这堵墙。

有的人转身抱怨，陷入受害者思维，把所有的问题归结为"时运不济""环境太差""命不好"；而有的人，会选择靠近那堵墙，观察它、触碰它、思考它，甚至利用它。

换句话说，真正的成长不是在舒适区里练熟已有技能，而是在不断撞墙、不断分析"我为什么做不到"中进化。你越是觉得某件事"卡住了"，恰恰是你系统中某个能力的短板正在被精准暴露。

如果你感到表达困难，说明你开始意识到沟通的重要性；如果你因为无法坚持而懊恼，说明你开始对自律有了新的标准；如果你不断因为情绪低落而影响效率，说明你终于看到情绪管理是成长的必修课。

这堵墙不是在浪费你的时间，它是在"定位你的问题"。你只要愿意停下来，用它作为锻炼肌肉的"负重器"，你就不会原地踏步。

让我们看一个真实人物的成长片段。

有这样一位滑雪运动员，她曾是国家队种子选手，却在一次选拔赛中因为技术失误名列末位，与奥运会参赛资格擦肩而过。她一度崩溃，认为命运对她不公，甚至想退出这个行业。

但教练没有安慰她，而是给了她一句话："如果你愿意，失败就是你现在最宝贵的教练。"

她最终回过头去，反复回放那次失误，逐帧研究自己的动作问题；她放弃寻求鼓励、安慰等表面疗法，转而用这堵"心理墙"作为自我训练的动力源。她把失误的动作设置为每天必须训练的部分，甚至主动向曾击败她的对手学习。

两年后，她卷土重来，拿下了一场重要比赛的冠军。

她没有推开那堵墙，而是搬来一张椅子，在那堵墙前扎营、练功、解决问题。她不是靠运气突破，而是把墙变成了自己的陪练。

这正是成功者和普通人的差别：成功者不会去想"如果没有这堵墙我早就成功了"，而是相信"正是这堵墙，让我成功了"。

他们从不是一路顺风顺水，而是在一次次"被困住"的情境中，练出了下一阶段需要的能力。

所以当你下次再次被生活拦住时，不妨换一种视角：

这堵墙是不是在替你筛选方向？

是不是在逼你暴露弱点？

是不是在提醒你——"你已经走到瓶颈期，需要升级了"？

与其抱怨命运不公，不如低头看看这堵墙是由什么造成的。是技能不足，那就制订练习计划；是认知偏差，那就寻找新观点、新方法；是情绪困扰，那就从情绪管理入手，重建内在秩序。

你越愿意把困境视作工具，你就越能从中提炼出改变困境的资源；你越能和困难建立关系，而不是对抗，它就越不会消耗你，反而会滋养你。

真正阻碍你的，从不是那堵墙，而是你不愿面对它的姿态。当你真正开始"使用"这堵墙，而不是"抱怨"它的时候，你就已经不是那个被困住的人，而是那个即将破壁而出的人。

墙后藏着你的下一个版本

很多时候，成长并不是靠努力攀登而来的，而是在撞上一堵墙之后逼自己转向后得来的。那一瞬间你会发现，原来你一直以为的"终点"，只是旧版本的自己所能抵达的边界；而你真正的升级，要穿越那堵墙之后才能看到。

这堵墙，也许是一次失败的尝试、一场突如其来的改变、一段感情的崩塌，或是一份让你筋疲力尽却无处可逃的工作。它们就像人生系统抛出的提示框，弹出一句话："你已经到达权限上限。是否下载更新？"

如果你拒绝更新，就只能原地徘徊；但如果你愿意点一下"确定"，一个全新的你就将诞生。

历史学家、作家塔拉·韦斯特弗，是一个被困在自己"家庭世界观围墙"中的人。她出生在美国爱达荷州一个极端保守的家庭，是家里的第七个孩子，父亲拒绝让她接受正规教育。从小，她只能在垃圾堆中找零件，帮助家人修汽车、炼金属，过着极端边缘化的生活。

但塔拉内心里始终知道，这堵墙后面一定有别的世界。某天，她鼓起勇气，偷学了初等数学，拼命自学，最终申请上了大学。她第一次坐飞机、第一次走进图书馆、第一次接触到批判性思维……她意识到：墙后面，不只是一个新世界，更是一个她从未想象过的自己。

她从几乎是文盲的状态一路读到剑桥的博士，从一个被否定一切能力的女孩成长为全球最具影响力的自我教育倡导者。她在书中写道："我不是离开了我的家，而是跨越了自己。"

她不是变得更好了，她是变成了一个全新版本的自己。那个版本的她，过去从来不敢想象。

人生的改变不是修修补补，而是一次"范式转换"。当你意识到旧有的框架无法解释你的现实困境时，那正是新框架诞生的起点。你要的不只是调整，而是重启。

墙的存在，正是为了告诉你：你准备好了，但你需要用一种全新的方式生活。

所以当你下次被卡住时，先别急着难过，试着换一种视角：也许这不是结束，而是"旧版本的你用尽了所有资源"，是时候迎接一个更大、更清晰、更勇敢的自己了。

成长从来不是横向复制，而是纵深突破。你以为的"继续做下去"，不过是固守旧模式的惯性；而真正让你变得不同的，是一次心理的改变、一次意义的重塑、一次自我认知的跳跃。

史蒂夫·乔布斯曾在自己一手创办的苹果公司内部遭遇严重冲突，最终被董事会"请出"公司。对任何一个创业者来说，那都是一堵冷峻、无情的墙。可乔布斯没有停在那里。他没有把这次"驱逐"视为失败，而是将其看作一次重塑的起点。他创办了NeXT，又投资了当时毫不起眼的皮克斯动画工作室，并在那里重新找回了自己的创造力与初心。

多年后，他带着全新的思维和视野重返苹果，带领公司创造了iPod、iPhone等改变世界的产品。他说："被苹果开除，是我人生中最好的事情之一。"那堵墙，让他撞出了一个全新的自己，也撞出了科技与设计的新纪元。

其实你身上，也藏着这样一个"版本"。你唯一需要做的，就是面对眼前这堵墙时，不再把它视作终结，而是视作转场。

不是所有困境都是毁灭，有些困境其实是成长的孵化器。墙的另一边，并不是更艰难的未来，而是那个你未曾相遇的自己。

请相信，每一道阻碍，都不是生死的终点，而是命运给你递来的一把钥匙。

你的下一个版本，正在等你打开这扇门。

"不顺"是命运给你的反馈机制

　　生活中，我常常听到很多人在抱怨自己人生的"不顺"。但在我看来，很多人误解了"不顺"的意义。他们把它当作人生的坏消息，把它当作努力失效、价值被否定、命运不公的证据。但真正的成长者知道，不顺从来都不是敌意的表现，而是命运在用另一种方式跟你沟通。

　　它不是来打击你的，而是来告诉你："你现在的做法，已经不适合继续走下去了。请你停下来，看看哪一步可以修正、优化、提升。"

　　所谓进步，就是在遭遇不顺、痛苦时，通过不断总结和反思获取智慧。换句话说，真正的失败，不是摔倒，而是你摔倒之后什么都不学。

　　而"痛"恰恰是我们人生系统最原始的反馈信号。你之所以感觉不舒服、不顺、不甘，是因为你的某部分，已经意识到旧模式走不通了。

　　你就像一个驾驶者，试图用城市地图去穿越丛林，结果当然是被卡住了。但这个"卡住"，不是你不够好，而是地图用错了，坐标老了，系统需要更新了。

不顺，是提醒你"你的能力边界到了"，也是邀请你"进入下一个难度级别"。就像电子游戏一样，越往后关卡越难，过不去不是耻辱，而是提醒你是时候升级装备、练好技能再出发了。

很多人总以为，顺利是人生的常态，而不顺才是偏离。但其实，人的成长永远不是在"舒适区"发生的，而是在你觉得"不行了"的边缘发生的。而这些"卡壳""拖延""反复失败"的状态，其实正是练习系统在告诉你："这就是你要突破的点。"

杰瑞·宋飞是美国家喻户晓的喜剧演员，但你可能不知道的是，宋飞在早期表演中频繁被观众嘘下台，几度想放弃。很多人以为喜剧天赋是一种"天生会逗人笑"的能力，但宋飞却反其道而行——他把每一次冷场都记录下来，标注时间、观众反应、语调变化，再一条条修改笑话的节奏与结构。他用"观众不笑"作为最真实的反馈系统，一步步打磨出了后来的"黄金段子"。

多年后，《宋飞正传》成为美国电视史上最受欢迎的情景喜剧之一。他说："我不是靠才华成功的，而是靠失败后不断调整成功的。"

这就是区别于"抱怨型"心态的"反馈型"心态。当别人说"你不行"，他会问："哪儿不行？怎么才能行？"

不顺从来不意味着你错了，而意味着你还没走对路。你只要愿意用"调试模式"去理解它，就能把每一次撞墙都变成下一次前行的助力。

我们在生活中也可以时常训练这种"反馈型"心态。

比如你发了一份简历，对方没有回复，不要沮丧，而要学会反问：是行业不适合、表达不到位，还是简历结构老旧？你能从这一次"静默"中学到的东西，可能比一场面试还多。

又比如你尝试了自律、早起、健身计划，但三天后就失败了，这时不要直接下结论说"我做不到"，而是要问：我的目标设置太高了吗？我有计划B吗？我是不是忽略了情绪节奏？

真正让人变强的，是把"不顺"看作一面镜子，而不是一堵墙。你越能从镜子里看到问题的根源，而不是逃避它，就越容易看见"那个更清晰的自己"。

成熟的人不问"这是不是公平"，而是会问"我能控制什么"。这就是我们面对不顺的态度转变：从"为什么我这么倒霉"变成"我能从中得到什么启示"。

再苦的经历，只要你能从中提炼出经验，它就不是"惩罚"，而是"反馈"。它不再是浪费时间的沼泽，而是成长地图上的红色感叹号，提醒你——"这里有机会更新"。

所以，不要惧怕那些进展缓慢、努力失效、计划落空的时刻。你可以告诉自己："也许我暂时走得不顺，但这不是命运在拒绝我，而是它在教我看清自己真正的盲点。"

一旦你从抱怨模式转为反馈模式，你就完成了一次真正的思维升级。你不再是被命运推着走的人，而是能在"风向逆转"时抓住信息、校准航道的人。

你准备好更进一步了吗？

不是强大，"越挫越强"才是关键

　　我们经常认为，一个坚强的人，就是从来不会被打倒的人。然而，真正具有力量的人并非永远不会受伤，而是经历每一次受伤、每一次打击之后，他都能够重新站起来，并且变得比之前更加强大。

　　许多人害怕挫折与失败，认为一次失败可能就会摧毁所有的努力。但事实上，挫折与失败并非毁灭性的，而恰恰是使我们得以进步的重要契机。真正的问题并不是我们能否避免挫折，而是如何在遭受挫折之后利用它来变得更加坚韧。

　　一只美丽而脆弱的瓷器杯子，它可能轻轻一碰就会碎裂；而一个塑料杯则更耐用，即便从高处跌落，也不会轻易破裂。而人体的骨骼，每一次适度的撞击、锻炼，虽然表面上可能受伤，但实际上它们会变得更为坚固。这种特质被称为"反脆弱"，也就是面对压力、打击和不确定性时，反而能够变得更加强大的能力。

　　我们的人生，也正是如此。

　　我曾经遇到过这样一个年轻人，他拥有一份稳定且收入不错的工作、一段美好的感情，一切看起来都是如此顺风顺水。然而，一场突如其来的经济衰退让他失去了工作，他最珍惜的感情也因为种种压力而破裂。在那段最灰暗的日子里，他感到迷茫、无助，甚至怀疑自己是否能够再度站起来。

但就在这种看似无望的境遇之下，他开始逐渐审视自己曾经忽略的潜力。他学会了如何"精打细算"，掌握了过去不曾重视的理财技巧；他利用空闲时间开始自学新的技能，不断丰富自己的知识结构；在与人交往时，他也变得更加谨慎，更能看清人心。这些看似微不足道的改变，却为他日后的重生奠定了坚实的基础。

几个月后，他不但找到了一份比之前更有发展前景的工作，还凭借自己的技能和积累的经验，开始了创业之旅，最终成功地创立了自己的事业。回头看那段艰难的日子，他才猛然发现，正是那些曾经压得他喘不过气来的困难，才使他成长，才让他看清自己的优势，重新定义自己的人生。

这样的故事，在我们身边其实并不鲜见。许多成功人士的经历都在告诉我们，真正的成功者并非那些从未遭遇过挫败的人，而是那些懂得利用挫败，将其转化为成长养分的人。

不论你现在正处于何种困境，记住，每一次挫败的经历，都为你提供了一次绝佳的反脆弱训练机会。那些看似摧毁你的东西，其实是在帮助你破茧成蝶；那些令你沮丧的失败，往往孕育着最重要的成功。

请给自己一些宽容与空间。不必害怕犯错，更不要畏惧失败。我们的人生原本就是一次次不断尝试、不断摸索的过程。正如肌肉必须经历酸痛才能变得强壮一样，你的人生，也必须经历困惑、痛苦，甚至失落，才能走向真正的成熟与强大。

下一次当你面对困难时，不妨换一种心态，问问自己：这次挫折会带给我怎样的礼物？它又将引领我走向何方？从这种全新的视角，你会发现，每一次的"打击"，都是生命向你发出的邀请，邀请你从固有的舒适区中走出来，拥抱全新的可能性。

所以，不要害怕挫折，也不要追求"永远不会失败"的完美状态。相反，要像"反脆弱"系统一样，主动去面对挑战，主动在挫折中寻找成长的力量。记住，你是否强大并非关键，关键是每一次挫折过后，你是否比之前更加强大。

给自己一个机会，去拥抱不确定性；让自己一次又一次地"越挫越强"，你会发现，人生中每堵墙背后，其实都有一扇崭新的门在等待你推开。

成为那个可以穿墙而过的人

人生的难，不在于你走得慢，而在于你撞上一堵墙时，看不见下一步的方向。

也许你正在经历这样的阶段：做事屡屡受挫，努力得不到回应，生活像一间密闭的房间，四周是看不见出口的墙。你尝试改变、坚持、等待，但现实没有给你任何明确的反馈，你开始怀疑自己是不是走错了，是不是能力不够，是不是根本不适合继续下去。

在这种时刻，大多数人会选择退后。他们告诉自己"再等等""也许不是时候""也许命运就是如此"，于是墙就变成了命运的借口，突破成了一生触不可及的天花板。

但也有些人，他们不是没有感到挫败、恐惧或崩溃，只是他们选择了不退。他们选择成为那个可以穿墙而过的人。

他们之所以不同，不是因为更聪明或更幸运，而是因为他们拥有一种力量——在看不见出路的时候，依然相信存在出路，并且一步一步去找、去闯、去造。

我相信很多人会觉得自己之所以不成功、之所以停滞不前，是因为自己掌握的资源太少，无法真正发挥自己的才华。

但你要知道，人生不会因为没有资源而停滞，而往往是因为你缺乏创造资源的状态而停滞。我们真正缺少的，不是条件，而是相信自己可以改变现状的能量。你之所以穿不过这堵墙，可能不是墙太厚，而是你早在尝试之前就默认自己穿不过。

但当一个人真正决定"无论如何都要过去"时，他很可能会激活另一套人生机制：他开始放下过去的借口、限制与旧逻辑，用更强的意志和更清醒的认知重新组织前进的方式。

全球顶尖的个人成长教练托尼·罗宾斯曾公开提到过一位学员的故事。这位男子曾是酒精成瘾者，事业失败，家庭破裂，一度流落街头。那是他人生的最低谷。一次偶然的机会，他听到了托尼的一场公开演讲，里面有句话击中了他："你不是你的过去。你是你现在的选择。"

他意识到，墙一直都在，但他之前只是每天盯着它发呆，从未真正试图穿越。他开始强迫自己每天晨跑、读书、戒酒，每次情绪低落就做一件小事去修复自信。他重新学习技能，从底层岗位做起，5年后重建事业，还帮助更多人走出了低谷。

他说："穿墙，并不是一下子突破。而是我每天走近它、摸索它、靠近它，一点一点打出裂缝。那堵墙，其实是我自己塑造的，也只能由我亲手拆掉。"

这就是穿墙者的本质：他们不再幻想"有人来救我"，也不再等待"墙自己倒下"。他们相信，真正的出路，不是在外面，而是在内心。

也许你此刻看不到希望，那是因为你还站在原来的高度。穿墙，不是蛮干，也不是坚持原路硬顶上去，而是要学会换一双眼睛、换一个角度、换一套认知。

你首先应该做的，是停止再用失败来定义自己。你不是"那个总做不到的人"，你是"正在寻找方法的人"。把"我不行"换成"我还没行"，你的大脑就会开始寻找路径。

你还可以问问自己：挡在你面前的这堵墙是由什么造成的？是技能不足，是过度依赖他人，是情绪控制不佳，还是思维习惯僵化？当你能具体命名问题时，它就不再是"命运之墙"，而是"可以解决的系统问题"。

穿墙不是一下子炸开它，而是一次次积累的结果。每天坚持一个5分钟行动，学习一项新技能，练习一次表达，克服一个微小恐惧，这些微小的进步，都会帮你打开墙上那扇隐形的门，让你一穿而过。

当你穿过这堵墙，你会发现自己不是回到原来的生活，而是升级了一个版本的自己。那个更果断、更清晰、更坚韧的你，正在开启墙后等着你的"人生2.0"。

人生的精彩，不在于绕开障碍，而在于你亲手击碎它，并从碎片中走出一个全新的自己。

第三章

—

微小的改变，
无穷的力量

—

你不需要一夜翻盘，也不必咬牙蛮干。人生的大转弯，往往始于一点点微小的改变：早起十分钟、读完一本书、少刷一小时手机……本章不是教你如何变强，而是让你看见——真正的力量，藏在你每天悄悄做的那个选择里。

改变，不需要从"咬牙"开始

唯有改变，才能打开墙上的门，你才有机会真正突破阻碍，拥有全新的未来。

但说到改变，我们往往有很深的误解，这通常始于一个画面：一个人满脸坚定，咬紧牙关在黑夜里孤军奋战，终于逆风翻盘、脱胎换骨。这种情绪张力极强的画面让我们误以为，改变必须吃苦，必须硬撑，必须靠一口气。

但现实是，大多数用"咬牙"开始的改变，最后也会因为"咬不住"而结束。因为意志力不是无限的，它是一种有限资源，尤其在你疲惫、情绪波动、生活压力大时，意志力往往最先崩塌。

真正能持续的改变，往往不是从意志爆发开始的，而是从一个轻盈的小动作开始的。从某种意义上讲，你做出每一个行为都是你为正在成为的某种人投票。你不需要每天做多么惊天动地的事，只需要每天做一点点正确的事，日积月累就会有所改变。

真正厉害的人，不是偶尔能咬牙跑10公里的人，而是每天都坚持运动半个小时的人。他们的行为不依赖意志力，而依赖系统性和可持续性。

当一个行为小到"几乎不费劲"，你才更容易开始行动，而开始行动才是一切改变的根本。

励志演讲家、畅销书作家梅尔·罗宾斯在自己的著作《5秒法则》中也提出了类似方法。她鼓励人们不要等"有感觉才开始"，而是在大脑给出拖延信号前，用"5、4、3、2、1"的倒数强行启动行为。她举了一个案例：有个拖延症极严重的客户，每天的写作目标是"写1000字"，结果常常一个字都写不出来。后来梅尔帮他把目标改为："打开文档，写一个句子。"奇迹出现了——他开始每天写作，并慢慢自然延长写作时间，不再靠"咬牙支撑"。

改变之所以难，很多时候不是你真的做不到，而是你把起点设定得太难。

想健身，计划一开始就是一周5次，每次2小时，于是3天后就放弃了；想早起，把闹钟从8点调到6点，结果连续3天关掉闹钟继续睡；想戒糖，一口甜食都不吃，结果情绪一崩便暴饮暴食。

这不是你的问题，是起点设定错了。

你需要的不是用一个"最强版本"的自己去开始改变，而是要用一个真实、温和、容易行动的自己去一点点开启一个新路径。

改变的真正驱动力，不是意志力，而是建立微小胜利所带来的自我认同感。你每天做一件自己说到做到的小事，比如每天整理一张纸、喝一杯温水、睡前写一句感恩日记，这些小动作背后释放的是：我可以掌控我自己。

一旦你开始信任自己可以做到一点点，你就更有可能去做到更多。让我给你讲一个真实的案例。

一位身材偏胖的女士曾多次尝试改善饮食习惯，但每次都经历"狠下决心—制定复杂饮食表—忍不住放弃"的循环。后来，她在一本书中学到了一个方法，只设定一个动作就发生了改变。她在每天晚饭后只做一件事——在桌边坐30秒，觉察自己是否真正吃饱了。

就这么简单。她不强迫自己少吃，不计算热量，不戒糖、油，而是只做一个动作：坐下来觉察。一个月后，她开始自愿减少多余的摄入量，两个月后体重开始下降，情绪也更平稳。她说："不是我变自律了，是我变得有意识了。"

这正是微小改变的奇迹。

你以为人生的改变要靠翻天覆地，其实很多时候，只要你开始迈出那"第一小步"，命运就悄悄开始改变方向。

想恢复体力，今天多走1000步就好；想修复亲密关系，每天说一句"谢谢"或"我懂你"；想学习新技能，先打开网页看3分钟教程……

不要小看这些微不足道的行为，它们比大多数"咬牙坚持3天"的宏大目标更有力量。真正持续的改变，从来不是一场燃尽意志的冲刺，而是一次次温和、可执行、可持续的启动。

所以，请你放下那种"非得一鼓作气"的执念，放下"要改变就必须全力以赴"的压力。人生不是一场用力的马拉松长跑，而是一系列轻盈但坚定的前行脚步。

从今天起，请不要再问自己："我能不能彻底改变？"

请你改问："我今天能不能做一点点不同的事？"

改变，不需要你"咬牙"。你只需要开始，并坚持足够久，去见证自己一点点改变的样子。这就是微小的力量，它会带你穿墙而过、步步登高。

每天 1% 的突破，撬动整个人生

1%，听起来微不足道，几乎可以忽略。但如果你每天进步1%，一年之后，你不是进步了365%，而是靠积累提升了37倍（$1.01^{365} \approx 37.78$）。这就是一种被称为"复利效应"的力量——不是线性增长，而是指数增长。

在"复利效应"的帮助下，我们可以见到这样的"奇迹"：

• 一个每天只练习一次演讲开头的人，半年后能登上TED讲台。

• 一个每天只多看5页书的人，3个月就读完3本专业书。

• 一个每天只冥想5分钟的人，一年后能稳定情绪、掌握自我节奏。

你所羡慕的那些"自律的人""高产的人""成功人士"，他们的秘密不是过人的天资，而是他们在日复一日中，习惯性地做出1%的选择，而不是0%。

让我们通过一个更形象的例子来说明这一点。

两个人每天的生活几乎相同，只是一个人每天多走1000

步、少喝一杯含糖饮料、睡前读15分钟书；另一个人则继续维持原状。

90天后，看不出明显差异；

180天后，第一个人体重下降了一些，表达变得更清晰；

300天后，第一个人升职了，而另一个人却因状态下滑而被边缘化。

一年之后，两人的生活出现了天壤之别。

第一个人总结说："你今天看不出改变，并不代表你没有改变。"真正有力量的突破，是细水长流式的、悄悄的但持续不止的。

如果你此刻感到迷茫、不知道从哪里开始，请放下"我要一下子改变命运"的压力，先问自己一个小问题：

"我今天能不能做到比昨天好1%？"

也许你现在体能很差，那么今天你只需多走1000步；也许你人际关系紧张，那么今天就主动发一句关心的话给朋友；也许你想写书但总是拖延，那么今天你只需要写100字。

看起来是小事，但当你不断给出"1%突破"的指令时，你的大脑会开始重新定义你是谁。你从"我做不到"变成"我正在做"，从"我总是拖延"变成"我今天完成了"。

这种微小的信念更新，会不断回馈给你新的行动信心，而这正是撬动人生的真正杠杆。

人最伟大的成就之一，来自每天持续的标准提升。不是一年做一次伟大的事，而是每天做一点点不一样的事。

曾经有一位陷入低谷的企业家，他公司的业务停滞不前，员工士气低落，客户也在不断流失。这位企业家很痛苦，不知道如何走出这种困局。恰好这个时候，他参加了一次培训课程，课上老师给他开出了一份行动清单。而这份清单只有下面3项内容：

- 每天花5分钟写下"我今天最感激的3件事"；
- 每天早晨用冷水洗脸，唤醒身体状态；
- 每天打一通电话给员工或朋友说声"谢谢你"。

3个月后，这位企业家的公司状况没有大的变化，但他个人的状态、影响力、团队士气、客户好感度全都发生了质变。接下来的半年时间里，他带领公司逐渐走出了低谷，公司里的每个人都变得积极主动起来。

这份行动清单看似跟商业没关系，但实则是"每天1%的突破"，从"人的系统"入手，带动了后续的事业复苏。

这也许会让我们重新理解一个词——"微光"。你不需要一下子照亮整片黑夜，而是可以每天点一盏灯。也许今天你只能照亮脚下，也许明天只能看到前方一点点光，但只要你持续点亮一盏灯，终有一日，你会照亮整条属于自己的光明之路。

请你相信，这世上最深远的改变，从来不是靠巨大的力量突然爆发出来的，而是靠无数微小的决定集合而成的。

每次拒绝拖延，你就向自律多靠近了1%；每次情绪稳定，你就向成熟多前进了1%；每次完成承诺，你就向信任多积累了1%；每次选择靠近热爱的事物，你就离自己更近了1%。

如果你能在接下来的365天里，每天坚持突破1%，哪怕中间有些天掉队了、犯错了、停滞了，只要你的总趋势是向前的，你的人生就会悄悄地发生一场指数级的变化。

所以，不要轻视这1%，也不要小看此刻微不足道的努力。每天突破1%，是最强大的"改变杠杆"。它不起眼，但很准。它不快，但很深。

撬动整个人生，从今天1%的突破开始。

用微习惯重写你的命运脚本

改变人生听起来像是件遥远而宏大的事情，但真正打破命运剧本的，不是一次"天翻地覆"的举动，而是无数次看似不起眼的微小选择。命运不是突然转弯的，而是被你每天的行为一点点"写"出来的。

每天睡前刷手机到凌晨，写下的是"拖延与焦虑"；每天坚持早起多走一站路，写下的是"掌控与前进"；每天拒绝一次诱惑，写下的是"清醒与成长"。

如果你总觉得自己被困住、走不动，也许不是命不好，而是你正在用老旧的习惯，复写一个不想要的人生剧本。

那要如何打破？靠"微习惯"。

畅销书《微习惯》的作者斯蒂芬·盖斯在低谷时，也曾陷入严重的拖延与自我否定，连去一次健身房都觉得像是要去登山。他尝试过各种"高强度计划"，但都失败了。最后，他只给自己定了一个微不足道的目标：每天做一个俯卧撑。

这听起来像是开玩笑。但他真的每天做一个俯卧撑——有时做完会觉得"既然都开始了，那多做几个也无妨"；有时状态不好，就只做一个。

3个月后，他开始自动进入健身状态，并延伸出规律饮食、早睡早起等行为链。他说："改变的关键，不是挑战自己，而是降低行动门槛。"

这就是微习惯的威力——它不靠意志力，它靠触发机制。你不需要每天都斗志昂扬，你只需要先开始。

相较于宏伟的计划，为什么微习惯更可以帮助你重写命运呢？

第一，它改变的是你的身份感。

你不是"想要健康的人"，而是"每天运动的人"；不是"渴望改变的人"，而是"正在行动的人"。

第二，它开启的是连锁反应。

每天早起5分钟的人，往往会更愿意吃健康的早餐、更能减少拖延、情绪更稳定。这些不是孤立的行为，而是生活系统在某个节点被激活了。

第三，它修复的是你对自己的信任。

每个"说到做到"的微习惯，都会在你心里埋下一句潜台词："原来我可以。"这种自我认同一旦建立，改变将不再是负担，而会自然延续。

我们以为，命运是由某个决定性时刻构成的。但事实上，命运是由每天被反复书写的脚本构成的，而习惯就是你手中的笔。

一位白领一直想转行做独立的商业顾问，却迟迟不敢迈出第一步。因为他总觉得"我得准备好作品集、设好网站、存够6个月开支、看10本专业书……否则不能轻举妄动。"

结果3年过去了，他还是原地踏步。

后来，他的朋友给了他一个建议："今天写下一封你梦想中客户可能会收到的欢迎邮件。别发出去，只写。"

他想了想，然后照做了。第二天，这位朋友让他再写一封。这一写，就连着写了20封。一个月后，他不知不觉整理出了一份咨询思路，于是尝试性地发出了第一封邮件。

不到半年，他就拥有了5位付费客户，从"想转行"变成了"正在转行"。这一切，不是因为他一夜暴走，而是他从"每天一封信"的微行动中写出了新的命运章程。

你要明白：没有哪一个小行动是"没有意义"的。只要你愿意每天走一小步，它们终将组成一条向上的阶梯。

所以请不要再问："我怎样一鼓作气翻转人生？"请你问："我今天能写下怎样新的一页？"

微习惯不是"低要求"，而是"真实可行"的；它不是"慢改变"，而是"深改变"。它改变的，不只是你做了什么，而是你是谁。

你每天的微行为，就是你每天在为自己的人生重写一个词、一个句子、一个段落。只要坚持得足够久，你就会看到自己最终成了一本全新的故事书的主角。

不靠意志力，而靠设计力

很多人面对困境时的第一反应是"我要更努力""我要逼自己一把"。于是他们熬夜、强撑、咬牙，试图靠意志力打破面前的墙。

但真相是：靠意志力做事的人，往往走不远。

因为意志力就像电池，容量有限，消耗极快。尤其在情绪低落、身心疲惫、环境充满干扰的状态下，你很容易放弃原本想坚持的事，回到旧有轨道。

真正能帮助我们穿过"人生之墙"的，不是蛮力，而是设计力。也就是说，与其努力拼死坚持，不如主动设计一个"让自己想失败都难"的环境与系统。决定你能不能突破现状的，往往不是你多想改变，而是你为改变设计了怎样的支撑结构。

设计力的第一步，就是设计你的环境。

让人意外的是，环境比意志更强大。如果你想减少刷手机的时间，却每天把手机放在床头，结果可想而知；但如果你把手机放在另一个房间，甚至设置自动限时，你根本不需要咬牙控制——你自然会选择不去碰它。

想写作的人，如果每天一打开电脑就先跳出10个社交通知，桌面一片凌乱，他很难做到专注；但如果你每天把写作文件置顶、关闭干扰应用、准备一盏喜欢的灯，你进入"创造模式"的门槛就会大幅降低。

成功者不是更有意志力的人，而是更懂得用环境为自己"造顺风"的人。他们不是等动力来，而是设计出一个让自己"即使没动力也会开始"的空间。

设计力的第二步，是设计路径，而不是死磕目标。

太多人失败，是因为把目标设定得太死板："我必须每天写3000字。""我得连续健身30天不间断。"一旦计划中断，他就开始自责、自暴自弃。

但真正聪明的人，懂得为自己设计"可切换的路径"。比如：

· 写不出大段文字，就允许自己今天只写标题或列提纲。

· 没法健身一小时，就选择做一组拉伸或徒步15分钟。

· 状态不好时，不是放弃练习，而是切换到"低强度模式"。

请注意，这不是放松标准，而是为"稳定推进"而设计的弹性结构。很多人在努力一段时间后宣告失败，并不是因为目标难实现，而是因为路径设计单一而最终放弃了。

如果你只设计了计划A，那么它一旦失败，你就会彻底崩盘。但如果你还预设了计划 B、计划 C，就能根据实际情况，持续向前。

设计力的第三步，是减少决策，让关键行为"自动化"。

人在一天中能做出的高质量决定非常有限。如果每一件事都要靠"下决心"，你早晚会被决策疲劳所拖垮。

最好的方式是："把重要的事情流程化，让它变成不需要思考的自然反应。"比如：

• 想培养阅读习惯，不如规定"每天早餐后读书 10 分钟"。

• 想让自己情绪稳定，可以在手机闹钟中加入"深呼吸 3 次"的提示。

• 想保持人脉，可在每周五下午固定安排 30 分钟维护关系。

这种看似"仪式感"的设计，其实是在帮你省去反复挣扎、权衡的内耗，让关键行动"直接发生"。

最后，设计力最重要的一步，是用成功感"诱导"更多成功。

很多人失败是因为一次中断就觉得"自己不行"，然后陷入"破罐破摔"的模式。但懂得自我设计的人，会刻意打造"小成功"。

每天列一个任务清单，只安排 3 件可以完成的小事，完成后给自己一个简单的奖励——一个赞、一杯好喝的咖啡、一句鼓励的话。这些微小的成就，会在潜意识中积累"我正在掌控人生"的印象。

　　而这种"成功感回路"，会激活更多动力、更多耐力，最终让你一步步突破人生那堵看似不可动摇的墙。

　　所以，如果你正在卡住、坚持不下去、陷入焦虑，请不要再问自己："为什么我这么没毅力？"请你转而问自己："我是否可以为自己的改变重新设计一个系统？"

　　别再靠意志力硬撑，而是用设计力来托举自己。命运不怕你弱，只怕你乱设计。人生也不怕你慢，只怕你一直靠蛮力瞎闯。

先做起来，才有后来的动力

很多人总是问："我怎么才能变得更有动力？"他们觉得，如果找不到动力，也就无法继续前进，动力是成功的决定要素。

但事实并不是这样。真正改变命运的人，很少依赖"有感觉"才出发。他们的秘诀只有一句话："不是等有动力才开始，而是开始了，动力才会来。"

我们误以为成功的人每天都充满激情，事实上他们和我们一样，也会懒惰、迷茫、缺乏干劲。唯一的区别在于：他们不会把"感觉"当起点，而是把"行动"当起点。

"寻找动力"有时候是一种阻力，是一种无形的，总想让你拖延、逃避、等待完美状态的内在力量。在这个世界上，很多人每天都会遭遇阻力。但唯有职业选手，不管感觉如何，照样会开始行动。

这种启动的力量，不是靠等待而来的，而是靠先动手得来的。

日本著名动画导演宫崎骏曾说过一句话："我从来不会

等灵感来，因为灵感是等不来的。我是先画，画着画着，它才会来。"

他每天清晨走进工作间，哪怕脑袋空空、灵感枯竭，也会照例坐下来，把笔拿在手里画一格。他说："只要动笔了，哪怕是一笔，故事的世界就会自己打开。"

这就是"先做起来"的力量——你不必有完美计划，不必有强烈动机，你只需要先让身体先行，心自然会跟上。

心理学中有一个术语叫作"行为激活"，它的核心就是：你不必等待有感觉，你做了，感觉才会改变。

很多治疗拖延和抑郁的行为疗法，都不是从"心理疏导"开始，而是从"做一件小事"开始的，比如整理桌面、走出房门、洗个澡。行动是点火器，不是结果，是燃料。

英国作家J.K.罗琳也曾深陷人生低谷。那时她是一位单亲母亲，靠政府救济生活，每天挤在爱丁堡的咖啡馆里，一边照看年幼的孩子，一边在旧笔记本上写故事。

她身边没有出版资源、没有时间、没有人脉，甚至连"成为作家"这件事都只是她内心一个不敢说出口的念头。

她没有等灵感完美到来，也没有等生活安定下来才开始写作。她只是每天在孩子午睡时，写一页，哪怕一段。她曾说："我唯一做的，就是在最黑暗的那几年里，坚持打开笔记本。"

那本不起眼的笔记本，最终变成了风靡全世界的《哈利·波特》。她说过："我没有信心，但我有动作。我不知道能不能成功，但我能写一点点。"

她不是靠一腔热血改变人生，而是靠一次次在疲惫中"先写起来"的决定，把命运的方向慢慢扳正。

你要知道：你的大脑其实很聪明，但也很懒惰。当你告诉它"等我准备好"，它就会一直帮你"准备"；当你告诉它"我已经开始了"，它就会迅速切换状态，帮助你继续前进。

所以，别再等"感觉对了""有空了""准备好了"才行动。真正的感觉，是你动起来之后才会来的。

你可以试试这样的改变：想写作，就先打开文档，写一句话；想整理房间，就先叠一件衣服；想健身，就先换上运动鞋；想提升表达，就先给朋友发一条语音……

你不需要一次走完全部的路，但必须先跨出那一步。一步过后，大脑就会说："咦？我们开始了，那就继续吧。"

这就像燃烧的火种，点着的那一下最难，但也最关键。

成功的人不是没有惰性，只是他们知道，动力不是天赐的，而是可以用行动"召唤"出来的。他们不追求一开始就完美，就对路，就有火花，而是用一次又一次"先开始"，打造出真正的掌控感和创造力。

你不必战胜全部的迷茫，你只需要在迷茫中迈出第一步。

你可以从一件小事开始，也可以从一个动作开始。

　　你的人生，也许就是从这一次启动开始出现裂缝，然后透出光来。

把想做的事变得"容易做"

你有没有这样的经历：

脑子里明明有一件很想做的事，比如写书、转行、考证、学吉他……想了很久，计划也列了好几版，但一到真正要行动的时候，却总是退缩、拖延，反复陷入"我一定要做" → "我真的要做" → "我还是算了吧"的循环。

不是你不想做，而是那件事看起来太大、太远、太重了。

你望着那道目标之墙，就像仰望一座山，感觉没有尽头，看不到突破口，于是干脆假装"我还有时间"。而时间却不等你，它在一点点地流逝，很长时间过去后，你依然被一堵墙阻碍着，无法前进一步。

如果你不想这样，那么你必须改变，改变的关键不是靠勇气去硬拼，而是懂得把你想做的事变得"容易做"。

我并不是说要让你降低你的目标，而是建议你降低起步门槛；我也不是要让你压缩期望，而是鼓励你重塑路径结构。

你想做一件事，就得先让它变成"大脑可以接受、小脑可以启动"的状态。例如，你想换个赛道发展自己，但你不能每天跟自己说"我要转行",你要说的是:"我今天要约一个人聊聊那个行业。"

目标宏大没有错,但如果你一直把它挂在"很重要""以后再说"的位置上,它就永远不会实现。

把想做的事变得容易做,第一步是任务拆解。

比如你想"写一本书"。你每天盯着"写一本书"这几个字,等于拿一块巨石压在身上,动都动不了。

正确的方法是:把想写的书先拆成十章,再拆成每章五节,再拆成"写第一节的开头三句话"。如果还是觉得困难,就继续拆:"打开文档,写出开头的第一句话。"

有时候,不是你懒,是你想做的事太抽象、太宏大,让你无从下手。

"美国国民作家"安·拉莫特在《一只鸟接着一只鸟》一书中讲过这样一段经历:她小时候写作文时总被写作的恐惧困住,直到她的父亲告诉她,别想着写出完整的一篇,就从描述一只鸟开始,然后再一只、一只……

从此,她每次写作都只专注于"先写一只鸟",从不和整篇文章较劲。

她说:"我们写不出一整本书,但我们能写出一段文字。只要你开始动,整条线就会慢慢浮现。"你看,这一点和我在前面说到的"行为激活"不谋而合。

第二步是路径重构：用"逐步击破"的方式，建立完成感。

你想做的事如果每次都耗时两小时以上、需要全套仪式，那你很快就会因疲惫或生活中的干扰而中断。正确的做法，是设计多个"完成区间"，让你每次都能有阶段性的满足感。

比如你想做一门线上课程，可以分为：

阶段一：列大纲 → 查资料；

阶段二：写脚本 → 配图 → 录音；

阶段三：剪辑 → 测试 → 上线。

每完成一个步骤，就画个钩，让"进度感"在你心中产生正反馈。

著名演说家布莱恩·特雷西曾经一针见血地指出："把最难的事切成小块，早上先吃掉其中最小的那一块，然后你的一天都会感到轻松。"

对于大多数人来说，难的不是吃哪块，而是你从来不切开它。

第三步是设计"让自己容易开始"的启动条件。

很多人会对健身、写作、学习产生抗拒，是因为"准备工作"太复杂：健身要收拾装备、准备水瓶、搭车去健身房；写作要思考、列提纲、关闭社交软件完全专注……

所以聪明人会刻意减少启动阻力，比如：

·前一天晚上就把健身服叠好放在床边；

· 打开电脑后直接设定"默认进入写作界面";

· 把学习资料分类整理,只需点击一次就能开始。

这不是偷懒,而是为"执行力留活路"。

诺贝尔经济学奖得主丹尼尔·卡尼曼在《思考,快与慢》中指出:人更愿意走"认知负荷最小"的路径。如果你想做的事"看起来"就很复杂,大脑就会自动躲避它。

让复杂的事变简单、让远的事变近、让重的事变轻,这就是行为设计的力量。

为了让你更好地理解这一点,我们再来看一个真实的小故事。

一位30多岁的年轻设计师,想辞职创业,做自己的内容品牌。可3个月过去了,他连商业计划书都没写完。朋友问他卡在哪儿,他说:"我不知道从哪儿写起,觉得这个计划太大了。"

朋友建议他用一个方法:"你别写计划书,你只写'给自己未来的合作伙伴介绍自己的3句话'。"

他照做了。3句话写完后,他开始自然延展出几个服务内容,然后又多写了一页内容。一周后,他完成了整个初版计划。

他说:"我不是变厉害了,我只是终于开始了。"

你看,想做的事,不能等变容易了才开始,而是要你主动让它变得容易开始。把它拆开,变得具体;设计路径,变得可见；清除启动阻力，变得轻松。

你不是懒，也不是能力不够，你只是被"看起来太难"的幻觉困住了。每个你想做的事，都是一堵墙。但这堵墙上，其实早就有一个可以打开的门。

走过去，打开它，就这么简单。

第四章

成为不怕失败的"试错者"

—

世界不是属于最聪明的人，而是属于最愿意犯错的人。成功从来不是"算准了再出手"，而是"边做边修边学"。越是试错的人，越能探索出通向答案的路径。我们不必回避失败，我们要懂得拥抱失败，学会用每一次"撞墙"来定位真正的方向感。

不完美，才是一种"完美"

在一个被效率、成功、标准、滤镜等包围的时代，"完美"成了一种隐形绑架。

我们从小被教导"要做对""不能出错""别让人失望"。于是我们戴上了面具：把所有情绪隐藏，把所有计划做足，让每一步都"确保成功"之后才敢出发。

但是，人生哪有完美剧本？如果你总是等待完美，等你准备好、等别人认同、等心情刚刚好，你可能永远都不会真正开始。

真正活出力量的人，不是那些"完美主义者"，而是那些愿意带着不确定、不自信，甚至瑕疵出发的人。他们明白：完美不可达，而真实可贵。

心理学家布伦·布朗曾说过："脆弱不是弱点，它是勇气的体现。你愿意暴露不完美，恰恰说明你正在成为更完整的自己。"

她在研究"高绩效与高幸福感人群"时发现，这些人共同的特质不是"没有错误"，而是他们允许自己犯错，并从中复原得更快。他们不把失败视作耻辱，而是视作练习。他们不把错误当作敌人，而是把它视作成长的燃料。

"完美"，其实是一种心理陷阱。你以为你在追求卓越，实际上你在逃避暴露不完美。你害怕一出错就被否定、一失败就被淘汰，结果是你越想做得完美，越不敢行动。

但如果你愿意"试错"，你才会进入真正的创造状态。

斯坦福大学心理学教授卡罗尔·德韦克在研究"成长型思维"时指出："那些不惧失败、愿意试错的孩子，比那些追求'聪明表现'的孩子，长期来看在学习成绩上更具优势。"因为他们不把失败当作耻辱，而当作"通往正确道路的路标"。失败对他们来说不是"否定我是谁"，而是"帮助我变成谁"。

Spanx（无痕内衣品牌）创始人萨拉·布雷克里，在她小的时候，父亲有个非常特别的举动——每周都会在餐桌上问她和弟弟："这周你们失败了吗？"

如果孩子们回答"没有"，他就会失望地说："太可惜了，说明你们没有尝试新东西。"

这位父亲教会了她一件事：失败不是耻辱，而是勋章。

也正是这种心态，让萨拉在没有任何时尚背景、没有资源、没有经验的情况下，敢于从自己一条剪坏的裤袜开始创业，最终成为亿万女企业家。

她没有靠完美出发，而是靠"敢试错"起步。

特斯拉的创始人埃隆·马斯克也曾说：不要等待一切准备完美了再去做，因为完美的准备根本不存在。

马斯克不是完美的人，但他是不断用"不完美"试出更好方案的人。

如果你总是在等一个"最佳时机"、一个"完美表达"、一个"万无一失的计划"，你可能等来的不是机会，而是遗憾。

你能真正开始的那一刻，是你说出下面这些话的时候：

- "我不确定我做得对，但我愿意先试试看。"
- "我可能会搞砸，但我不会因此放弃前进。"
- "我没有完美答案，但我可以在路上不断修正。"

我们需要学习的，不是"怎么把自己变得完美"，而是如何带着不完美持续前行。允许自己出错，允许作品不够好、表达有漏洞、过程有挣扎——但只要你还在"做"，你就比所有"只是想"的人，已经领先了。

你不是因为完美才值得被肯定，而是你愿意拥抱不完美，才拥有改变命运的资格。真正的完美，不是没有破绽，而是你在漏洞中仍然有勇气继续走下去。

别等"万无一失"，先去做"万一能行"

很多人卡在原地，不是因为能力不够，也不是因为资源不足，而是因为脑中有一个声音不断提醒："再等等吧，等我准备好、等我想清楚、等我做到万无一失。"

这个"再等等"的声音，听起来很理性，实则是恐惧的伪装。它告诉你"你还不够好"，于是你不断打磨方案、修改计划、学习更多的知识……却迟迟不敢启动。

但真相是："万无一失"只存在于想象中。

世界上最成功的人，从来不是那些"等有了万全之策才出发"的人，而是那些愿意带着70%把握、50%自信，甚至只有一个"万一能行"的念头，就开始试试看的人。

Netflix 创始人里德·哈斯廷斯早年创业时，根本不知道"在线电影租赁"有没有市场。没有数据支持、没有行业先例，甚至连用户习惯都不成熟，但他还是上线了第一版网站，只提供几部影片，而且页面粗糙、操作不顺。为什么要上线？他只说了一句："我不知道它会不会成功，但我想看看'万一能行'会发生什么。"

结果，第一批用户虽然很少，却提供了关键反馈，让他一步步优化系统。如今，Netflix 改变了全球娱乐消费模式，而这一切都始于一个"先上线看看再说"的决定。

这个世界属于敢于"先试试看"的人。

心理学教授布伦·布朗在成为TED爆款演讲者和畅销书作家之前，曾是一个极度害怕暴露自己脆弱的人。她研究"勇气""脆弱""真实"相关的心理问题多年，却从不真正把自己的内心暴露在公众视野中。直到有一天，她接到了TEDx的一场小型演讲邀请。

那本可以是一次普通的学术分享，但她在准备过程中内心极度抗拒。她不确定自己是否真的能讲好，不确定台下的观众会如何看待一个讲"脆弱"话题的女人，更不确定自己准备的内容是否"够专业"，也不知道"这种风格"是否适合TED舞台。她甚至在演讲前一晚反复考虑取消演讲。

但她最后对自己说了一句话："我不知道会不会成功，但我知道——如果我一直不试，就永远不会知道'万一能行'。"

于是她走上了那座并不完美的舞台，没有彩排，也没有完美结构。她只是说了实话，讲了人心最深处的不安与勇气。

结果，那场她几乎没把握，甚至担心"翻车"的演讲，在上传到TED官网后迅速爆红，没过几周点击量便破百万，最终成为全球最受欢迎的心理学演讲之一，影响了无数观众，也彻底改写了她的人生。

她说："我从来没有准备好，我只是愿意先站上去。"她没有等"所有的答案都完备"，她只是对那个"万一能行"的声音点了点头。

你看，"万无一失"其实是个陷阱。它让你误以为"只要再准备一下就能更成功"，却从未告诉你：最好的成长，往往藏在行动之后的混乱与修正里。

而"万一能行"的心态，往往是行动者真正的起点。那些面对困境仍然前行的人，不是因为他们知道自己一定能成功，而是他们对未知保留着一丝希望，并愿意付出一次尝试。他们没有等全部灯都亮了才开车，而是在微光中上路，再靠不断修正走出一条路来。

你以为他们"运气好"，其实是他们敢走出去看看有没有运气。哪怕那个"万一能行"最终没成功，他们也收获了经验、资源、人脉、信心——而你什么都没开始，只收获了一个又一个"也许"的遗憾。

知名演员马修·麦康纳在他的自传《绿灯》中提到，他当年放弃高片酬商业电影、只为转型演正剧时，身边几乎所有人都劝他："别冒险，等剧本好一点，等平台大一点吧！"

但他说："我知道这件事风险很大，但我也知道，再不去赌这个'万一'，我就永远演不出那个我想成为的角色。"

结果，他成功了，并拿下了奥斯卡最佳男主角奖。他说："是那个'不安全但值得一试'的选择，塑造了今天的我。"

所以，你到底在等什么？

等自己100%确定，等机会100%合适，还是等别人100%支持？

很遗憾，这些可能都不会出现。

真正让你人生前进的，是你在只有70%把握时也愿意动手，在50%理解时也愿意迈步，在仅仅一个"也许可以"的念头出现时，选择说：

- "我不确定结果，但我可以尝试。"
- "我可能会失败，但我更怕错过。"
- "我没准备好，但我愿意上场。"

这就是行动者的信仰。他们不是比你聪明，也不是比你幸运，而是他们比你更早相信："只要做了，就比原地等待更接近成功。"

所以，别再等"万无一失"，你等得越久，错过的就越多。把那个"万一能行"的可能性当成点火器，哪怕只是一点微光，也足以照亮你迈出的第一步。

快速试错，成功的快速道

在传统观念中，"犯错"往往被视为是不成熟、不谨慎、不够优秀的表现，于是我们从小就认为：错得越少越安全，走得越稳越成功。

但在真正的创造和成长路径中，试错并不是"失败的证据"，而是"进化的必要"。而且错得越早、越快、越小，成功也会来得越快、越稳、越大。

这就是世界上无数创新者、企业家、自由职业者、内容创作者都在践行的法则：快速试错，快速反馈，快速调整。

这不是冲动，而是战略。

LinkedIn 创始人里德·霍夫曼有句名言："如果你发布的第一版产品让你不感到羞耻，那说明你发布得太晚了。"

他的意思不是说你的产品可以"敷衍"，而是强调先落地再优化。因为世界上的一切成功项目，都不是靠"事先把一切都想好"才完成的，而是靠"在行动中迭代"加以完成的。那些看似完美的成功背后，都是试错堆起来的版本号。

很多人做事情总想一次成功、不留遗憾，结果想得太久、试得太晚、反应太慢——错过了最快成型的窗口。而真正的高手，是那些勇于尝试、快速修正、不断出击的人。

Airbnb最初的构想是：在会议期间让人把自家客厅拿出来出租。但没有人相信这个想法能行——谁愿意睡在陌生人的地板上？

于是他们没有等"商业模式完整"，也没有等"融资到位"，而是直接用最简陋的网页上线，跑去卖早餐麦片，给住客拍照，然后观察反馈、优化体验。

他们不断试错，换了十几个logo、做过人工客服，甚至自己上门打扫卫生。他们不是"完美出发"，而是一路"边错边改边成长"。

今天，Airbnb是一家市值数百亿美元的公司，改变了全球旅游住宿行业的格局。他们的成功路径，不是完美路线图，而是一连串的"快速试错 + 反馈循环"。

其实，这种策略并不只属于创业者。任何想改变现状、走出舒适区的人，都可以借用这种思维：你想创业？别光做半年计划，先去约一个前辈聊一次天；你想创作？别构思大纲就写三个月，先发一篇短内容试水；你想改变形象？别等瘦下来才买衣服，先换一个发型、调整一个习惯试试看……

你做得越早，修正得越早，走偏的时间就越短，成功的路径就越明朗。试错的关键，不在于"不犯错"，而在于让每次试错都带来进步，而不是挫败感。

前谷歌大中华区总裁李开复曾说："最聪明的成长方式，就是在小代价下多犯错。"他在创新工场时鼓励团队：与其拼命把版本做到100分再上线，不如快速出一个70分的版本，接受反馈，再迭代成80分、90分，直至100分。他说："所有看起来'天才般的产品'，本质上都是一连串试错后的结果。"

当然，试错也并不等于"盲目尝试"。真正有效的试错，是有反馈意识的。试完就问问自己：哪里有效？哪里无效？我学到了什么？下次怎么改？

如果你只是试一次，失败了就停下，那叫挫败；但如果你每次试完都总结一条经验，那叫成长。

马斯克曾说过这样一句话："快速失败不是一种危险，而是一种优势。"因为你越快知道哪里错了，就越快知道怎么做才对。

也许你不是在创业，但你一定也卡在某个"想做的事"上迟迟没动。如果你总想着"等我想清楚、准备好、做到最好"，那你可能永远都停留在"想"这个阶段。但如果你决定"先试试看，错了就改"，那么你的人生就会多一个机会点，多一条备选路线，多一个突破口。

快速试错，不是一种鲁莽，而是一种高度成熟的战略。它的底层逻辑是：先动手，才能获得真实反馈；有了反馈，才能走向真正的成功。

　　走得快，未必跑赢别人；试得快，才可能跑赢命运。所以，不要害怕试错，也不要耻于失败。你不是在试错的路上浪费时间，而是在成功的路径上积累数据。你越快愿意试错，你就越快有机会到达别人遥不可及的目的地。

错误＝反馈＝方向感

很多人把"错误"视作一次否定、一段耻辱、一个失败的标签。可如果你换个角度看，会发现：每一个错误，其实都是一次精准的反馈，是人生给予你的方向感。

我们的成长，并不是靠"少出错"完成的，而是靠"从错误中知道下次怎么不再出错"完成的。

你今天到达的地方，也许是过去无数次"错了又试、试了再改"的结果。你绕了弯路，才知道该走哪条直路；你信错了人，才明白什么人是真正值得信任的；你失败过一次，才明白原来自己还可以站起来。

所以，错误是通往清晰路径的前奏，它不是结束，而是你的方向盘。本质上，错误是一种反馈。反馈能让你对自己所处的位置更清楚。换句话说，你错在哪里，就意味着你已经离"对的路"不远了。

错误不是障碍，而是标记。它告诉你下一步要调整的是什么。

2008年，星巴克经历了历史上最严重的一次危机：全球门店扩张过快、服务品质下降、顾客抱怨不断、股价暴跌。霍华德·舒尔茨作为创始人，在早已"退休"成为董事长的情况下，亲自回归CEO职位，重掌大权。

他并没有急于推出新产品或砸重金打广告，而是先做了一件看似"无用"的事——关闭了7100家门店，给所有咖啡师重新培训咖啡冲煮技艺。

这是一次深刻的"回炉"。很多投资人不理解，媒体也质疑："这不是把问题复杂化了吗？"

但舒尔茨明白，这场错误的根源，不在于产品，而在于服务体验的失焦。他说："问题不是我们卖的东西出了错，而是我们忘了我们是谁。这个错误是一个信号，一个方向的提示牌，告诉我们必须回到原点。"

关店培训的举动，被看作是对"错误的方向"的一次有力修正，也正是这次修正，让星巴克找回了核心价值——人文体验与产品质量。

两年后，星巴克重回增长轨道，品牌价值翻倍，被誉为"企业文化复兴"的典范。

舒尔茨总结说："我不怕犯错，怕的是我们在错误中失去了方向感。而错误，其实已经在告诉我们该往哪儿走。"

这个案例经常被全球顶尖商学院作为标杆进行分享，它给人们的启发并不在于霍华德·舒尔茨有多么高瞻远瞩，而是在于他从错误中得到了反馈，从反馈中确定了调整的方向。

硅谷著名的"创业教父"保罗·格雷厄姆曾说过一句话："产品上线后，用户的抱怨才是你最有价值的指南针。"

他在早期投资Y Combinator创业团队时，并不要求他们上线的产品多么完美，而是鼓励他们尽早发布、尽快试错、尽快听见用户不满意的声音。

为什么？因为他知道，真正的成长路径，不藏在你闭门造车的版本里，而藏在外界对你错误的回响中。

错误带来的不是丢脸，而是方向感，是生命给你的"导航提示"。就像开车走错路，导航系统会说"请掉头"，而不是说"你不配开车"。

所以，真正聪明的人，不是从不出错的人，而是能从错误中提取方向的人。他们做错了选择，便总结选择标准；他们说错了话语，便优化表达模型；他们错用时间，便回头调整优先级。错误成了他们人生的导航仪。

他们不急着否定自己，而是习惯问一句："这个错在提醒我什么？"

玛丽·弗里奥是世界级女性成长教练、畅销书作家和百万粉丝课程创始人，但在她20多岁时，并不是做得一帆风顺。

她曾花了数年时间在纽约证券交易所里做交易助理，每天工作忙碌，却始终感觉内心空空的。终于有一天，她鼓起勇气辞职，想去做自己真正热爱的事——成为一名"生活教练"。可第一次尝试开设课程时，几乎没有人报名；第一次发营销邮件，就被人直接拉黑；第一次登台演讲，她语无伦次，陷入冷场的尴尬。

她并没有因为失败而退缩，而是把每一个错误都当作反馈信号。她问自己："为什么她们没有来听课？我是不是用了她们不懂的词？"

"为什么我表述不清？是不是我讲的是我想讲的，而不是她们需要的？"

"为什么别人点开邮件却不报名？是不是我写得太营销、太自我？"

她不断调整表达方式、内容主题、沟通语言，直到越来越多的用户感受到她的真诚与价值。

多年之后，她的课程覆盖了195个国家，她的书籍成为《纽约时报》评定的畅销书，她自己也被称为"影响女性命运的改变者"。

她说："每一次失败都像一个路牌，不是阻止你走下去，而是在提示你：'嘿，你的方向稍微偏了，往左一点。'"

很多人不敢错，是因为害怕错了就"白费功夫"。但请你记住：错不代表徒劳无功，只要你从中提取出了有效反馈，它就能成为你人生地图上的标记点。

错误不是人生的黑洞，它是坐标，是指南针，是修正带。你越愿意听见错误的声音，就越能听见命运在悄悄告诉你——走这边。

当你用"反馈"看待错误时，错误就不再是一面堵住你的墙，而是一扇画着路线图的门。它不会否定你，而是在引导你。你每错一次，走向成功的人生地图就更新一次。

拥有更强大的"韧性肌肉"

在生活中，我见过太多有天赋和才华的人，因为一两次失败就早早放弃了自己的计划，放弃了自己的人生，选择过上平庸的人生，并且找各种理由安慰自己，例如自己不够聪明、没有资源、运气不好等。我替这样的人感到可惜。

要知道，成功的人之所以能持续试错，又在失败中不断前进，不是因为他们更聪明、拥有的资源更多或者更幸运。真正支撑他们一次次爬起、不断试错的，不是我们认为的外在条件，而是他们内在的更强大的"韧性肌肉"。

什么是"韧性肌肉"？它不是身体的肌肉，而是你遭受打击后快速复原、在失败中保持动力、在绝望中看见希望的心理强度。

心理学家安吉拉·达克沃斯在畅销书《坚毅》中指出：长期成功的关键不是天赋，而是坚毅与韧性。

她研究了各种高绩效人群：西点军校的学员、全国拼字大赛的冠军、硅谷创业者、企业高管……这些人最显著的共同点，不是拥有高IQ，也不是拥有强大的社交圈，而是他们有一种"即使失败也不会放弃"的内在力量。

他们的字典里没有"我不行"，只有"我还没行"。

你会发现，那些能一次次试错的人，并不比你更幸运，而是比你更耐摔。这份"耐摔力"，其实就像肌肉一样，是可以练出来的。

就像练腿肌需要下蹲、冲刺、爬坡等，练"韧性肌肉"也需要经历挑战、犯错、失败和情绪低谷。

电影《当幸福来敲门》改编自美国企业家克里斯·加德纳的亲身经历。他在年轻时几乎一无所有，带着年幼的儿子流浪，住过公厕、教堂、收容所。他本可以放弃，也曾一次次求职失败、考试失败、推销失败……但他有一股别人看不见的力量，那就是："我可以摔倒，但我必须站起来。"

他每天都做一件事：复盘失败，再尝试一次。哪怕只改变一点点说话方式，换一家公司去试，他都从不停止。他没有所谓的完美准备，也没有安全感，但他有一样东西：韧性。

最终，他成为华尔街著名的股票经纪人，拥有自己的公司。他说过一句话："你必须守住希望。不是因为你确定它会来，而是因为你愿意让自己不放弃。"

这就是"韧性肌肉"的真正力量：不是你能否避免打击，而是你面对打击时选择了什么样的反应。

心理学家盖伊·温奇强调：心理上的受伤可以像身体受伤

一样被处理——愈合、强化、修复。韧性并不是"强忍"，而是能"快速修复"。

比如，一个试错者在某个项目失败后，不会全盘否定自己，而是会训练出这样的反应：

- "这一招不行，不代表我不行。"
- "这是暂时的打击，不是永久的标签。"
- "我的身份，不由失败定义，而由持续行动塑造。"

这种积极的反应模式，是可以练习出来的。你可以从以下几个方面入手，慢慢构建属于自己的"韧性训练计划"。

1. 练习情绪复原力

失败当天允许情绪释放，但第二天起床后就要设定一个"小目标"，把自己拉回到行动状态。

2. 建立失败记录本

不是记录失败有多惨，而是记录"我从这次失败中学到了什么，下次怎么做才能有所不同"。

3. 从自责到自问

当你出现错误时，不要自责，要自问，不是问"我为什么这么差"，而是问"我下次能准备什么、改变什么、调整什么"。

4. 复盘，而非否定

就像运动员回看比赛录像一样，不是为了批评自己，而是为了找出节奏和动作的优化空间。

失败不是终点，而是通向灵魂深处的一面镜子。你可以选择把它打碎，也可以选择从中看清自己。

所以你会发现，真正的试错者并不是"天生胆大"或"从不害怕失败"，而是他们更能从失败中自我恢复、自我成长。他们不是没有被打倒，而是更擅长倒下后爬起，擦干眼泪继续走。

就像打铁的人知道铁必须烧红、捶打、折弯，才能变得更坚硬；一个有韧性的人也知道，人生道路上的"高温"和"锤击"，正是塑造强大内在的最好工坊。

你不是天生脆弱，只是还没有学会训练自己的"韧性肌肉"。从现在开始，每一次不顺、每一次受挫、每一次没做到的尝试，都是你心灵健身房中的一次深蹲。你可能现在还感到疼，但每一组"坚持"，都让你更强一点。

利用微行动，帮助自己快速复原

　　失败并不可怕，真正让人陷入低谷的，是失败之后那种深深的失控感。

　　我们常以为，复原靠的是情绪恢复，靠"想开一点"和"调整心态"，但真正让一个人从失败中走出来的，从来不是空洞的安慰，而是一个个"可以做到的小行动"。

　　这些行动很小，小到你可能犯嘀咕："这有用吗？"但它们却在悄悄唤醒你的掌控感，强化你的目标感，让你从停滞中重新行动起来。

　　心理学上称之为"行动先于情绪"。你不是等自己振作了才去做，而是靠去做一件事慢慢找回振作的自己。而且有趣的是，越小的行动，越能快速启动自我修复。

　　畅销书作家伊丽莎白·吉尔伯特曾在一次访谈中分享过：在事业巅峰之后，她反而陷入了创作瓶颈。她试图开始构思新作品，却深陷焦虑与自我怀疑之中。

　　她说："我再也写不出像《美食、祈祷和恋爱》那样的作品了。"

她试图用心理调适来解决——冥想、旅行、找朋友倾诉……但她发现，真正让她走出低潮的，是一个小小的决定：每天写15分钟，哪怕一句话都写不好，也不允许自己逃避。

那15分钟，成了她的救生圈。

不是写得多精彩，而是每天坐下来写这件事让她重新认同了自己的身份："我还是个写作者。"

从那之后，她重新恢复写作节奏，并出版了多部畅销新书。

她说："我不是突然振作的，我是靠一次次坐下、写出哪怕蹩脚的一句话，爬出低谷的。"

我们往往给自己设一个"恢复门槛"：我要等状态好一点、情绪稳定了、想明白了……才开始做点什么。但其实那都是停滞的陷阱。

人在失控状态下最容易崩溃。而重新掌控自我的最有效方式，不是想通一切，而是马上做一件小事。这些小事哪怕只是：

· 洗一个澡；

· 整理一下桌面；

· 写下今天最简单的一件待办事项；

· 出门散步10分钟；

· 回复一条工作消息；

· 写下一句话的日记。

这些小小的行动，就像在情绪泥潭中插上一块木板，让你有地方可站、有东西可依靠、有助力可爬出来。

设计平台Canva的联合创始人梅兰妮·珀金斯，曾因为初期融资失败、合作伙伴离开、外界质疑等多重打击而濒临崩溃。

她没有试图"重新振作"，她做了一件简单的事：把第二天要发的冷启动推广邮件列成一张3步清单，照着执行。这3步是：写文案、群发测试、收集反馈。

没有宏大的战略计划，没有"我要逆风翻盘"的豪言壮语，只有一件小事、一份执行表。她说："是一次次做完'眼下这一步'，让我慢慢走出那个我以为走不出的阶段。"

如今 Canva 估值已超400亿美元，而她每年仍然保留一个"个人低谷计划"：当任何重大打击发生时，就去做一件小、实、具体的事，哪怕只是打开PPT模板优化一个按钮。

所谓的复原力，不是靠顿悟，而是靠"动一下"。你不是突然好起来的，而是靠很多个"愿意动一下"的时刻，一点一点复原的。

一位心理咨询师经常说一句话："你不是要一口气走出深谷，你只需要先抬一下脚。"

失落时你不需要立刻找到人生的意义，失败时你不必立刻东山再起，你只需要做一件让你略微前进的小事。

你不需要等振作起来才行动，而是行动起来才会带来振作。你不是靠鼓励爬起来的，是靠一件事、一句话、一个5分钟的启动行为站起来的。你越在乎"做成什么"，你越容易拖延；你越关注"先动一下"，你就越容易出发。

所以，下一次当你觉得"我不行了"，试着别逼自己想开一点，而是试着问自己一句话："此刻，我能做的哪怕一件最小的事情是什么？"

你会发现，复原的力量从不是遥不可及的顿悟，而是藏在你肯动手的这一秒钟里。

CHAPTER FIVE

第五章

——

逆向思维的力量

——

　　当你觉得山穷水尽时，不妨换个方向。很多突破不是因为走得更快，而是因为想法更具创新性。你不必总顺着世界的逻辑走，有时候，反着来才会意外撞见门的钥匙。接下来，我将带你跳出思维惯性，从另一面审视问题，从不可能中寻找可能。

反着想，有可能走得更快

我们大多数人遇到问题时，总是会习惯性地问："怎么解决？"

但真正聪明的人，往往先问："有没有什么是我不该做的？"甚至是问："如果我反着来，会发生什么？"

这就是逆向思维的起点：跳出常规的线性思维，从反面找突破，从对立处找方向。逆向思维不是顺着找答案，而是反着找盲点；不是往前冲，而是先绕远点，从更高的角度重新审视。

当你善用逆向思维去思考问题之后就会发现，很多你以为"解决不了"的问题，其实是"用错了角度"。

股神巴菲特的黄金搭档查理·芒格有句名言："反过来想，总是反过来想。"他在一次演讲中说："人生的很多错误，来自我们一开始就把注意力放在'怎么成功'，却从来没思考过'怎么失败'。"

所以他训练自己的方式是，每遇到一个目标就反着问："如果我要让事情失败，我会怎么做？"然后，再把这些可能导致失败的行为一一排除，他发现这比盲目追求成功更实际、更有效。

比如，想经营好一段关系，不问"怎么维系"，而是问："怎样最容易毁掉这段关系？"

答案就会浮现：忽视对方、频繁抱怨、不兑现承诺、不聆听……

一旦你知道这些，就能立即调整行为。

逆向思维最大的好处就是：绕开陷阱，这比急着找出路更重要。

畅销书《每周工作4小时》的作者蒂莫西·费里斯曾分享过一个很受欢迎的思维训练，对他自己而言，他不会问："我要怎么变得成功？"而是每天自问："我最害怕的事情是什么？最糟糕的情况是什么？我能不能承受？"

他称之为"恐惧设想法"，即把你要做的事中最可怕的后果写下来，然后一一拆解、应对。

他发现，大多数人拖延、犹豫、卡壳，并不是因为"不知道怎么做"，而是因为脑子里总有一个被放大的恐惧，它阻止了你的行动。

而一旦你正视这些恐惧，甚至反过来分析它们，你就会发现，所谓的"最坏情况"，其实并没有想象中那么严重，反而给了你一个更清晰的判断。

你以为你要"向前突破"，其实你需要的是"向后分析"，把焦虑拆开。让我们通过一个案例来理解这一点。

一位很有才华的年轻设计师，对现有的职场工作早已厌倦，但始终不敢辞职去追求自由职业。他每天想的都是："如果辞职，失败了怎么办？"

于是他尝试写下对恐惧的设想：

最坏情况：辞职后接不到单，储蓄消耗殆尽，3个月后入不敷出。

应对方案：提前准备3个月生活费、在职时就开始建立人脉和作品集、退路是回到职场，已有经验在手，不难找新工作。

实际概率：真正"无路可退"的可能性很小，最多就是经历短暂难熬的过渡期。

写完之后他发现，自己不是"不能承受失败"，而是"放大了失败的后果"。于是，在第二个月他就开启了副业，半年后顺利转型为全职的自由设计师。这让他不仅收入得到了增加，而且工作更快乐，时间也更自由。

亚马逊创始人杰夫·贝索斯在构建公司战略时，也用了一个经典的逆向思维方法。

很多公司开战略会时会问："我们未来3年要实现什么？"贝索斯却反着问："我们绝对不能让客户经历哪些事？"

于是他们列出客户最讨厌的体验：

- 搜不到商品；

- 运费太高；

- 等待太久；

- 售后复杂。

然后他做的事很简单——反过来优化这些"负体验"：

→ 构建全球最强的搜索系统；

→ 推出免费配送；

→ 建立Prime会员、一天达服务；

→ 推行极致的无条件退货政策。

这些看似简单的"反向减法"，最终成了亚马逊最强的护城河。

很多人以为贝索斯是高瞻远瞩，其实他只是比别人更早"反着思考问题"。

一个谜一样的事实是：你越执着于往前冲，越容易撞墙；你越能后退一步，越可能找到侧门。如果你遇到了瓶颈，也许不是你不够好，而是你一直在顺着想问题。

所以，不妨从今天开始换一个角度试试：

- 别问"还可以加点什么"，试着想："是不是该精简一些？"

- 别再追问"我缺了什么"，试着想："我是不是做了太多？"

· 别一直想着"我要走到哪里"，试着想："我该绕开哪些路？"

真正的高手，从不执迷于线性解法。他们更擅长在盲区找入口，在常规中看见例外，从问题的反面找答案。反着想，不是"绕远路"，而是避开陷阱、看清本质、提速前行。

从结果倒推，你能发现什么？

在面对重大抉择时，大多数人总是习惯问："我现在能做什么？""我手上有什么资源？"但真正高效的成长，从来不是从"现在"出发，而是从"我想要的结果"倒推回来的。

这不是一种逆反思维，而是一种高阶策略——结果导向型思维，也叫作"逆向设计"。

你不是站在原地乱猜未来，而是先登上"终点的山峰"，再一步步倒推你该踩在哪些台阶上。

很多成功的人，思考方式从来不是"我该怎么开始"，而是"我要看到怎样的结局？"例如在《高绩效习惯》一书中，布兰登·伯查德曾长期研究全球高绩效人士的思维方式。他发现一个关键共性：他们很少被"当下的问题"困住，他们一开始就站在未来画面上思考。

比如他曾辅导一位演讲者，在准备一次大型大会发言时，第一句话就问他：

"你希望观众听完后，站起来鼓掌，还是默默点头？你希望他们记住你哪句话？你希望他们回去做哪一件事？"

当这个演讲者描述出清晰画面后，布兰登才开始帮他倒推：

- 那你一开始该如何铺垫？
- 哪些故事能支撑这一目标？
- 有哪些干扰信息该舍弃？

这个演讲者后来做出了全场最高评分的一次演讲。不是因为他的表达最完美，而是他的每一句话都在为"结果"服务。

这也是布兰登最推崇的一个观念："你要成为一个'结果型的设计者'，而不是'过程中的挣扎者'。"

很多人想养成一个新的好习惯，却迟迟坚持不下去，是因为他们从一开始就问错了问题。大多数人会问："我该怎么做？"却很少有人会问："如果我是一个拥有这个习惯的人，我现在会做什么？"

比如：

- 如果你是一个健康的人，你现在会吃什么？
- 如果你是一个高效工作者，你现在会打开手机还是关闭它？
- 如果你是一个会说话的演讲者，你现在会反复推辞，还是开始练习开场白？

你不是从行为出发，而是从"目标身份"出发。然后倒推：这个身份每天是怎么行动的？每小时会做什么选择？今天我能不能模仿一点？

　　事实上，每一个好习惯的坚持，不仅是意志力的胜利，也是对身份认同的回应。倒推身份，能让你从"勉强执行"变成"自我一致"，这比硬撑要强大百倍。

　　许多人之所以整日忙碌却仍难以突破，并不是不够拼命，而是因为他们从未认真想过终点在哪里。当你不知道终点时，就会在路上花费太多不必要的努力，看起来很忙，结果只是原地打转。

　　一位企业家做了一个网站项目，花了半年时间开发，网站功能复杂、细节满满，却始终没有流量。

　　后来，他换了个角度问自己："我真正想得到的是客户增长，那为什么我不断开发功能，而不是测试转化入口？"

　　于是他马上砍掉网站70%的功能，把重点放在用户引导、文案优化、客服系统上，3个月后网站浏览数据翻倍。

　　这就是"倒推"的力量——让你从"多做什么"，回到"该做什么"。如果你现在处于迷茫之中，不妨问问自己这三个"倒推问题"，你会更清楚路该怎么走：

　　·如果你已经达到了你想要的状态，现在回头看，你最感谢自己曾做对的第一步是什么？

　　·你现在正在做的事情，真的有助于达成那个终点吗，还是只是"看起来很努力"？

·有没有什么努力，是你从未怀疑过方向，却始终没带来你想要的结果的？

如果你从终点出发去看这些问题，答案就会清晰得多。

你会开始放下内耗，筛掉冤枉路，聚焦在那几个关键动作上。因为你真正想抵达的，不是"一直在路上"，而是"精准到站"。

当你开始从结果倒推，不再纠结"我现在能做什么"，而是聚焦"我最终想要什么"时，你会惊讶地发现，挡在你面前的墙，其实只是你站错了思考的方向。换个位置看问题，你的答案可能就躲在拐角的那扇门后。

反其道而行之，是突破惯性思维的捷径

我们生活中的大部分时间，其实是在"自动驾驶"中度过的。早上睁眼刷手机，遇事先抱怨，做决策靠惯性，工作照流程，生活按节奏——不思考，因为"不出错"；不调整，因为"都是这么过来的"。

这就是思维惯性。

思维惯性像一张看不见的网，把我们牢牢地困在"熟悉"里，让我们误以为这样是安全的。可实际上，它恰恰是我们停滞不前、原地踏步的罪魁祸首。

思维惯性让你把"大家都这么做"当成标准答案，把"我一直是这样的人"当成个性标签，把"过往经验"当成未来路标。

但你得明白：昨天有用的方法，不代表今天还能适用；别人成功的路径，不代表你也能复制。

要突破思维惯性，你需要做的，往往不是再多想一步，而是反着来一步。你越是在某个方向上越走越难，越该停下来问一句："有没有可能我该换个方向走？"

谷歌前CEO埃里克·施密特曾讲到一个有趣的现象：

很多公司在初期极具创新力，但当组织大了，就会逐渐陷入一种"路径依赖"：他们会默认过去的做法是对的，新人提出的方案总被否定，流程越来越多，执行越来越慢，决策越来越保守。他们不是变差了，而是被自己的成功经验"困住了"。

而人在生活中也是一样，明明不喜欢现在的工作，却还在做，"因为干了几年了"；明明知道情绪不稳定，却还是用"我就是脾气直"来解释；明明想要成长，却总是"先把现在这摊事干完再说"。

你不是不能改变，而是你不敢反过来想：如果我不是按现在的节奏走，我还能怎么走呢？

一位女士早年做电视主持人时，曾无数次因为"太真实、不够职业"而被领导批评。

她一度试图"像别人那样讲话"：控制语速、修饰语句、避免情绪。但结果是——她越来越不像自己，状态越来越差。

有一天，她突然决定反过来试："如果我说话完全照我的方式，不再模仿别人，会发生什么？"

一次演讲中，她没有照稿子念，也没有看提示器，而是讲了自己婚姻中遇到的一次挣扎。

观众席一片安静，随后掌声雷动。

她从那一刻开始，确立了自己的演讲风格——直接、真实、不加掩饰。她反而因此收获了大量拥趸，成为全球演讲舞台上最受欢迎的声音之一。她就是励志演讲家、畅销书作家梅尔·罗宾斯。

她说："我一直以为，成功是变成'更像别人的自己'。后来我才明白，成功是变回'那个被我藏起来的自己'。"

从某种意义上讲，梅尔·罗宾斯的成功取决于她对惯性思维的彻底颠覆，她没有模仿其他人的风格，而是打破常规，用一种"反着来"的方式，最终取得了成功。

事实上，很多人的突破点，恰恰在于推翻了原来的方向。

一位原本朝九晚五的程序员，发现自己在公司内部始终无法被提拔。他苦恼多年，参加了无数培训课程，都没有效果。

直到有一天，他问自己："如果我不追求内部晋升，而是反过来——把我会的东西分享出去，会怎样？"

他开始写公众号，拍教学视频，逐渐成为行业内有影响力的讲师和技术布道者。最后，他不是等升职，而是被外部公司高薪"挖走"。

他靠的不是"更拼命"，而是换了条思考路径。

思维的突破口，常常藏在"你最不敢想的那个方向里"。我们有时太习惯于问："还有没有更好的办法？"但我们很少问："我是不是该彻底换个思路？"比如：

• 一直努力沟通，却关系紧张——也许该先放手冷静。

• 一直强迫自己坚持——也许该休息一天，恢复清醒。

• 一直追求结果——也许该专注体验本身，重燃热情。

很多看似"走投无路"的墙，不是墙太高，而是你一直在向错的方向撞。真正的突破，不在墙上，而在你是不是敢反其道而行。

如果说思维惯性是温水的话，那么突破思维惯性靠的是反向的"惊雷"。你不必每天都挑战世界，你只需要偶尔问一问："有没有一种完全不同的做法？"你会发现，最初你以为是"奇怪选择"的那个方向，才是你的突破口。

而那些真正"穿墙而过"的人，可能不是最听话的人，而是最敢反着走、反着想、反着活的人。

不按常理出牌，才有非常成果

"常理"是社会用来规范大多数人的标准路径，它有安全感，有参考性，也确实对很多人有用。但真正创造出惊艳结果的人，从来不是那些走在"合理""合规""循序渐进"道路上的人，而是敢于不按常理出牌的人。

他们常被误解、被质疑、被否定，但正是他们的"出格之举"，突破了大多数人不敢挑战的界限，成就了那些"非常成果"。

不是他们更聪明，而是他们更有勇气，在众人走直线时选择了拐弯。

心理学家亚当·格兰特在《离经叛道：不按常理出牌的人如何改变世界》中指出："创造力最大的敌人，不是无能，而是墨守成规和习惯性思维。"

你越追求"合理"，越容易陷入"平庸"；你越渴望"被理解"，就越难成为那个让人惊艳的自己。而很多看似"不合理"的路，才可能通向不一样的风景。

如果你仔细观察，就会发现，很多伟大的决策，在当下其实都是"不合理"的。

谁会觉得用"140个字符"的方式可以改变新闻传播？但Twitter做到了；谁能想到用"共享陌生人家沙发"的方式建立住宿平台？Airbnb颠覆了酒店业；谁会料到用"短视频记录日常"的形式能重塑社交生态？抖音做到了。

这些企业的决策者都做了一件事：放弃常规、突破模板、挑战默认规则。

这些人不是冲动行事，而是深知规律的局限。他们知道，如果你总按常理出牌，你得到的也只能是平均结果。

苹果公司联合创始人之一的史蒂夫·沃兹尼亚克，长期以来人们都称之为"怪人"，因为他几乎不参加会议、不擅长管理、不愿和资本对接。甚至有人质疑他"不像个创始人"。

但乔布斯却说："没有他，我们根本造不出苹果。"

因为正是这个"不按常理出牌"的技术天才，坚持打破当时的计算机架构，把复杂的主板结构浓缩成一块简洁而高效的芯片组，从而为苹果的家用电脑创造了可能性。

在所有人追求"更复杂、更多功能"时，他反其道而行，选择"极简而精准"。

他不是不合群，而是走在了时间的前面。最终，他的非主流思维，成就了一个主流的科技帝国。

人生有太多"默认"模式：职业发展就该从实习、助理、主管一步步往上爬？创业就一定要做别人成功过的方向？成功必须先积累人脉、资历、学历，不能直接尝试自己想做的事？

但你会发现，那些真正活出精彩人生的人，往往都在某个节点，不按常理地行动了一次。

你永远不知道，"那个最不合理的选择"，也许就是你唯一的突破通道。

我们常说"别太感性""要理性思考"，但其实，你最初的直觉里往往藏着突破的信号。你之所以想"辞职去流浪"，想"做视频而不是写报告"，想"拒绝稳定生活去冒险"，并不是你冲动，而是你内心在提醒你——你早已不适合继续照旧。

我们太多时候，因为"不合逻辑"就放弃了一些想法。但你要知道，真正有创造力的行动，本就不是从逻辑里生出来的，而是从勇气里。

请你思考：

· 有没有一个你压抑很久的"奇怪想法"，其实是你潜意识的召唤？

· 有没有一条"你不敢选"的路，其实是最靠近你内心热爱的方向？

· 有没有一次"你不按常理出牌"的冲动，曾经带你打开了一扇新的窗户？

非常规的成果，从来不是依照计划获得的。它藏在一次破格的尝试、一次被质疑的选择、一次反向的决策里。也许那条路不是最安全的，但它一定是最真实、独属于你、最值得试的一条路。

如果你已经厌倦了"被理解的安全感"，那么你也许正好可以不按常理地出一次牌。

非常规的一步，或许就能带你走出非常规的人生。

创新从"多问一个为什么"开始

如果你回顾人类所有的进步，无论是科学上的突破、商业上的颠覆，还是个人成长中的飞跃，它们背后的起点，几乎都不是"怎么做"，而是那一个看似简单却极其强大的问题——"为什么？"

- "为什么我们非得这样做？"
- "为什么别人可以，我却不行？"
- "为什么这个流程不能被简化？"
- "为什么我要接受这个限制？"

"为什么"是对常规的挑战，是对惯性的怀疑，也是对创新的邀请。

当一个人习惯了问"为什么"，他就不再满足于复制，不再盲从于权威，不再轻易认同。他在用一种更本质的方式看世界，打破表象，重新建构。

这看似只是多问了一句，其实是在训练自己的系统性思维和结构性突破能力。

管理学经典《从优秀到卓越》里提到，几乎所有杰出企业的起点，都不是从"参考对手"开始的，而是从"质疑行业"的基本问题开始。

比如，Netflix创始人里德·哈斯廷斯不是问"怎么做一家更好的DVD租赁店"，而是问："为什么我必须亲自去店里还碟？为什么这不能用互联网解决？"这个"为什么"直接打通了当时的行业共识，也拉开了颠覆大片厂商的第一道帷幕。

再比如，星巴克创始人霍华德·舒尔茨也不是问"怎么做更便宜、更好喝的咖啡"，而是问："为什么不能把一杯咖啡，变成人们停留、社交、感受文化的体验？"于是，咖啡不再只是咖啡，而是一种"生活方式"。

这些改变世界的公司，不是做得更好，而是问得更深。

乔布斯年轻时刚接触字体设计时，发现电脑显示器上的文字都是单调、呆板的。他不是从技术角度问"如何提升分辨率"，而是直接提出一个让人困惑的问题："为什么计算机不能像印刷品那样，拥有美感？"

当时所有工程师都觉得这不是"必须项"。但他坚持，最终推动了Mac成为全球第一个搭载精美字体排版的电脑系统，从而引发了整个桌面出版革命。

乔布斯不追求功能叠加，而是从"人为什么会喜欢"这个最深层的心理角度切入，重新定义了用户体验。

詹姆斯·戴森在创造出世界上第一台无尘袋吸尘器之前，

失败了5126次。为什么他会一直坚持？因为他从来不相信"吸尘器本来就该有尘袋"。

在那个人人默认"吸尘器=尘袋"的年代，他问了一个天真的问题："为什么不能用气旋原理直接甩出灰尘？"

正是这个"为什么"，让他开始挑战整个产业结构，最终创造出全球热销数十亿英镑的戴森品牌。

而那5000多次的失败，不是浪费，而是持续在问："我是不是还没找到那个真正的阻力点？"

在个人成长中，多问一个"为什么"，同样是一把突破卡顿的钥匙。"多问一个为什么"，是打破惯性、打开心智枷锁的关键一步。

卡拉·布朗曾是纽约一家大型媒体的品牌策划师，薪水稳定、工作体面，但她始终觉得内心空虚。她多次尝试写作、运营副业，但总是断断续续，坚持不下去。

最开始她一直在问自己："我是不是太懒了？""我是不是不够聪明？"但这些问题只会让她陷入自责。

直到她某天问出一个不同的问题："为什么我总是在'真正想做的事'面前退缩？"

她冷静回顾后发现，不是因为她不够努力，而是因为她一直在追求"零风险的完美开始"——只要没有万无一失的计划，她就不敢动手。

这个"为什么"让她意识到：问题不是"我不够"，而是"我在过度控制"。

她开始允许自己边走边改，哪怕写出来的东西粗糙、不完美，也愿意发布。结果第一篇自媒体文章阅读量破万，后续出版的书也成为畅销榜常客。

她说："我改变命运的那一刻，不是找到'更强的自己'，而是我终于敢问那个一直被我压抑的问题。"

其实，在这样一个快速发展而充满各种资源的世界里想要有一番作为，你不必是专家，不必有高学历，不必满脑子答案，你只需要比别人多问一层。比如：

- 别人问"我怎么做副业赚钱"，你可以问："我是否真的愿意付出那种代价？"
- 别人问"我要选哪个职业"，你可以问："我能坚持做这件事10年吗？"
- 别人问"我怎么不被拒绝"，你可以问："我为什么这么怕被拒绝？"

真正有穿透力的成长，不是靠战术技巧，而是靠深度自问。你问问题的层次，不仅决定了解决问题的出路，还决定了你人生的高度。

多问一个"为什么"，你就能挖到别人忽略的盲点，多问一层底层逻辑，你就能找到真正的突破口。

　　大多数人被困在墙前，是因为他们只是在撞，而你，只要多问一句，就可能看见门的位置。

拥抱"反直觉"，你会看到隐藏的门

有人常说要"跟着感觉走"，可很多时候，感觉是最会骗人的东西。比如：

- 直觉告诉你：安全第一，所以别冒险。
- 直觉告诉你：失败太痛，还是别开始。
- 直觉告诉你：别人都这么选，你不要搞特殊。
- 直觉告诉你：先准备好一切，再去做。

可人生中的突破点、转折点、上升点，往往出现在你"最不舒服、最不合理"的那个决定里。

直觉让你待在舒适区，反直觉才会逼你打开隐藏的门。

如果你深入研究一下那些在逆境中实现反弹的成功者，你会发现他们中的绝大多数都有一个特点：这些人都在"最想逃"的时候选择了"迎上去"。

比如，一位初创企业CEO在产品连续3个月亏损时，所有人都建议他暂停、砍预算、削团队。但他却做了一个反直觉的决定：追加预算，强化团队，把最后的资金押在一个大版本的更新上。

那次更新不是"最后的挣扎"，而是他对"市场趋势的预判"。一个月后，产品用户增长了300%，完成了B轮融资。

他说："我当然想躲，但我知道我必须逆着走一次。真正的门，不会出现在我想停下的时候，而可能出现在我逼自己一把的时候。"

直觉会放大恐惧，保护我们不受伤，它的本能是让我们安稳地"生存"。但成长不等同于生存，成长意味着你要做很多让自己"不习惯"的事。

直觉会让你"看见风险"，反直觉则让你"看见可能"。如果你一直走在能"看见风险"的那一侧，那么你可能永远走不出来。你需要做的是，穿过那堵墙，走到"看见可能"的那一侧。

成功学教练托尼·罗宾斯在一次讲座中谈到他早年创业的故事：

他刚开始做演讲培训时，曾被一家大公司邀请去给高管培训。那时他年纪轻、名气小、毫无资历。

直觉告诉他："这不是你的级别，别去丢人了。"

但他停顿了一下，问自己："如果我连这点风险都不愿意承担，我还配谈'突破人生限制'吗？"

于是他硬着头皮去了，结果现场培训大受好评，公司当场签下全年顾问合同，那也是他事业飞跃的起点。

他后来总结说："你越是觉得这件事'不适合你'，它越可能正是你该做的。"

一位创业女性和她的合伙人做了半年护肤产品，却迟迟拿不到大型渠道的订单，公司面临很大的经营压力。

终于有一次，一个平台给了她一次宝贵的直播机会。所有人都告诉她：请找专业模特展示妆效，镜头越"完美"越好。这也是行业常规。

但她反问自己："我们不是要打破'完美女性'的假象吗？如果我按照常规直播，那我和别人有什么不同？"

她决定做一件极其反直觉的事：不请模特，亲自上镜，展示自己曾因患红斑狼疮而导致皮肤出现问题的真实样貌。镜头里，她坦然展现"问题肌"，当场上妆，让观众看到"真实转变"。

结果那场直播引爆销量，产品迅速售罄，她的品牌也一战成名。

你看，她没有选择"最安全的打法"，而是选择最真实的表达；她没有迎合所谓的"完美人设"，而是勇敢地把自己的"不完美"暴露在聚光灯下。

这是一次彻底的反直觉决策。而正是这种"看起来不专业、不主流、不标准"的选择，精准击中了用户对真实、可信、美而不假的深层需求。

反直觉不是为了标新立异，而是为了突破旧框架，走进更本质的需求。

你不必凡事都逆风而行，但请记住：你最想逃避的那种表达方式，你最犹豫的那个选择，你最害怕被看到的那一面，也许正是你人生下一道门的钥匙。

所以，下次当你感到"不符合逻辑""太冒险""太不合常规"时，别急着打住。也许，这正是你该推开的一扇门。

第六章

—

从刻意练习到持续精进

—

　　天赋决定起点，但练习决定你能走多远。光靠努力是不够的，正确的练习方式才是你脱颖而出的关键。这样说，并不是在歌颂"苦练"，而是要让自己形成一套高效成长的系统思维：如何找到成长区，沉浸其中，并一次次升级你的人生版本。

练习≠重复，关键是"刻意"

你是否也有过这样的疑问：

· "我已经很努力了，为什么总是看不到突破？"

· "我每天都在练，可怎么还是不够好？"

· "为什么有些人越练越强，而我只是越来越累？"

我们经常以为，努力本身就是答案。可实际上，努力只是入场券，真正决定你能走多远的，是你如何练习。换句话说：你不是靠时间积累在成长，而是靠练习在重塑自己。

一位不会说话的人，通过练习演讲，改变了人际命运；一位普通白领，通过练习写作，获得了副业收入和自信；一个内向的人，通过刻意练习社交，成为团队领导者……练习，是你脱胎换骨的过程。

人类的大脑和能力并不会因为年龄增长而自然进步，唯有通过有目标、有设计的练习，才能持续塑造自我。我们可以这样理解：天赋，是起点；练习，是加速器；刻意练习，才是变强的核心路径。

顶尖高手和普通人之间的差距，并不在于谁练得久、练得多，而在于谁"更刻意"，练得准、深、精。

刻意练习≠普通练习，它有3个关键特点：

明确目标：不是"更熟练"，而是"精准突破短板"；

持续反馈：有针对性地接受反馈并立即调整；

高度专注：每一次练习都像考试一样投入。

在一位演讲教练的学员课中，有一位学员在公众演讲训练时，总是一次又一次地上台练习。表面上看，他确实很努力，甚至比别人练得更勤奋。

但教练很快指出了问题："你每一次都在练你最舒服的部分，而回避最让你紧张的部分。你真正需要突破的，是'你说真话时的颤抖'，不是背稿子的流利度。"

从那以后，那位学员开始主动练习在镜头前表达内心真实想法，而不是追求完美的演讲技巧。仅仅3个月，他的表达水平突飞猛进，甚至受邀在一些机构公开分享。

这就是"刻意"与"重复"的差距。

重复，练的是习惯；刻意，练的是突破。

很多人用"1万小时定律"来说明努力的重要性，但日本知名教育家藤原和博曾指出："不是练1万小时就能成为专家，而是在1万小时里有没有不断修正与挑战。"

他曾辅导过一位学生，这位学生苦练钢琴多年，却始终琴艺平平。经过分析才发现，他一直在练自己已经会的部分，从不碰难度高的曲目。

当改为每日集中练习"最不熟练的一段旋律"时，这位学生虽然十分痛苦却也突飞猛进，半年后得以入选参加了地区比赛。

真正有效的练习，不是确认"我会了"，而是暴露"我不会"。

很多人总说"自己已经很努力了"，但扪心自问，其实自己练习的方式很安全、内容很熟悉、不会出错。比如：

- 你每天刷英语单词，但从不真正开口表达；
- 你一遍遍写文案，但从不接受读者反馈；
- 你练习吉他弹唱，但从不敢在朋友面前演奏……

这不是练习，而是原地打转。你的"努力"，可能只是做"伪装成进步的熟练动作"。

刻意练习的底层逻辑是"用不舒服换成长"。我们都想突破，但谁都怕"不舒服"。但刻意练习的本质，就是故意制造不舒服、故意挑战边界、故意对抗惯性。

科比·布莱恩特并不是NBA中体能天赋最顶尖的球员，但却被无数人认为是"后乔丹时代最刻意练习的天才"。

他每天凌晨4点就起床训练，不是为了多练，而是为了精练。他曾在备战奥运时，只练一个动作——罚球后转身跳投，练了将近一个小时。

教练问："你为什么只练这个？"

科比说："我今天只想把这个动作从90分提升到95分。"

这5分的追求，就是刻意练习的极致体现。

很多人练习是为了"会"，而他练习是为了"强"；别人追求稳定，他追求突破；别人以为他在复习动作，其实他在雕刻反应时间、肌肉记忆、极限条件下的命中率。

这种训练方式不求花哨，不图速成，而是精确、细致、持久地修补每一个可能在实战中出现的瑕疵。

正因如此，科比在比赛的高压瞬间也能展现精准到极致的球技。这不是他天生就有的稳定性，而是成百上千次刻意练习的结果。

而他所展现出的，不仅仅是一种体育精神，更是一种面对人生"墙"的态度。

真正的高手不怕重复，而怕"瞎练"；他们的每一次训练，都是一次对完美的冲刺，对细节的较真，对自己短板的不妥协。而这种练习方式，你也可以拥有。

你不需要凌晨4点起床，不需要拥有NBA的赛场，只需要每天问自己一句："我今天有没有哪件事是在为自己的成长而刻意练习？"

如果答案是"有"，恭喜你，你正在走向真正的精进之路！

反馈与修正，做到真正的复盘

刻意练习，不只是做对的事，还要知道哪里没做好。如果没有反馈与修正，哪怕你花上1万小时练习，也只是重复1万个错误。

你可以每天努力、用力、坚持，但如果你始终不复盘，就像蒙着眼跑步：虽然很努力，但方向可能一直错了。

要想真正进步，你必须学会从练习中提取反馈、从反馈中修正方法、从修正中持续优化。换句话说，每一次练习结束，不是意味着"做完了"，而是提醒你思考"我学到了什么、我改正了什么"。

比如：

- 健身时动作一直不标准，却没拍视频对照。
- 演讲时总卡顿，却从不录音回放。
- 写作时找不到感觉，却从不阅读自己的旧作。

他们不是不会进步，而是从来没给自己反馈的机会。你练得再多，如果方向不对，结果只会南辕北辙。

复盘，就是每一次"练习之后的二次成长"。它会告诉你：

哪里存在漏洞？

哪一步是无效的？

哪一点还有提升空间？

如果没有复盘，你就无法形成高质量反馈循环，也就很难在原地突破那面"看不见的墙"。

玛丽莎·梅耶尔在刚进入Google时，只是一个普通工程师。但她很快成为产品副总裁，后来又晋升为雅虎的CEO，关键在于她有一个简单却实用的习惯：每天工作结束，她会写一张"回顾卡"，记录当天最重要的一个成功点和一个失败点，并标注"我学到了什么""我明天要改正什么"。

这个每天5分钟的复盘，帮她不断微调自己的思维习惯、决策节奏和团队沟通方式。

她说，真正的进步，在于你愿意对自己进行客观、诚实的总结，而不是你有多努力。

我们很容易对反馈产生抵触：害怕被批评、羞于暴露问题、讨厌面对失败。于是我们用"自我安慰"来掩盖问题，用"下次做好"来搪塞漏洞。

但真正的成长者，会忍住情绪，直视反馈。他们知道：反馈不是否定你，而是拯救你脱离自我盲区。无论是自我回顾，还是外部建议，它们本质上都是"方向、指针"。

如果你只沉浸在自己的感觉里，拒绝他人的提醒，不敢承认自己的失误，你就永远看不见那扇"通向进步"的门。

村治佳织是日本一位著名的吉他演奏家，在接受采访时，这位世界级吉他演奏家分享了她练琴的秘密。

她每次练习都会录下视频，然后在训练结束后独自观看，甚至标记每一个不自然的指法、每一次表情不协调的地方。

她说："最痛苦的不是练琴，而是看自己出错的样子。但只有这样，我才能找出那些在舞台上会让我崩盘的细节。"

这份冷静观察自己、及时修正偏差的能力，正是村治佳织屡次在国际大赛中脱颖而出的底气。

复盘的目的，从不是"反省错误"那么简单。真正有效的复盘，是拆解你的惯性、偏见、盲点，让你看见一个更清醒、更高效的自己。

一次有用的复盘，应该能回答这些问题：

· 今天我在哪个环节表现最差，为什么？

· 这个错误，是由于知识不足、情绪失控还是判断偏差？

· 我下次要怎么做才能避免这一点？

· 我可以请谁给我更好的反馈？

· 我的改进有没有被记录、验证和巩固？

如果你每天都这样问自己，不管你做什么，都不会"白忙"。练习是你走出舒适区的开始，而复盘才是你真正成长的拐点。

所以，从今天开始，不要再以"我练了多久"来衡量自己，而是问："我有没有从每次练习中得到反馈、做到修正、进而升级？"

正如我们在前面所说，哪怕每天只有1%的进步，一年之后你都可以有37倍的提升。

找到你的"成长区"，离开舒适区

我们每个人都有一块"最熟悉的地盘"：做擅长的事、和熟悉的人交往、走熟悉的路线、说惯用的话。

这块地盘，就是你的舒适区。它提供短暂的安稳，却也悄悄筑起一堵隐形的墙——让你停在原地，看似努力，实则止步不前。

为什么舒适区让人止步不前？这是因为舒适区的特点是：你能轻松完成，心里没有压力，过程无波澜。你获得了一种"稳定"的自我认同，却也悄悄失去了进化的能力。

你真正的成长，不是在这块安全地盘上发生的，而是在你愿意走出去，进入"成长区"的那一刻开始的。刻意练习的核心，不是让你不断巩固熟练区，而是让你勇敢进入"成长区"。

这个"成长区"，是你刚好不会，但只要刻意挑战就能到达的地方，它恰好以你能力边缘的那条线为起点。当你每次练习都触碰那条线，你才有机会将它向前推进从而进入"成长区"。

真正高效的刻意练习，绝不会只围绕"已知"进行，它必须持续将你引导进入"成长区"，让你在"略微吃力"的边界点上不断打磨。这个过程通常带有挫败感，但正因为如此，它才有机会撬动突破。

乔希·维茨金被誉为"棋坛神童"，早年因为天赋异禀成为国际象棋界的焦点人物，他的故事还被改编成电影《寻找小飞象》。但他的成长并非由天赋主导，而是建立在深度"成长区练习"的基础上。

乔希从小就养成了一个习惯：每天只练习那些他最不擅长、最容易失误的棋局设定。例如，当其他孩子练习标准开局、熟悉套路时，他却要求教练专门布置一些"不利残局"让他破解，比如"只剩一个车和几个兵，如何在劣势中反败为胜"的局面。

这种训练并不轻松，相反，是极度令人挫败的。但也正是这些高度针对性的训练，让他在实战中具备了超越年龄的冷静与判断。

更有趣的是，乔希成年后转战武术太极推手，又凭借同样的训练哲学赢得了世界冠军。他的刻意练习方式不再是"套路强化"，而是把自己置于一连串不确定、受压制、极具变数的对抗场景中去练习反应，即始终待在"成长区"的边缘。

乔希在《学习的艺术》中写道："我不会重复练自己擅长的部分，我每天都逼自己面对那些我还做不好、容易出错、让我感到焦虑的地方。只有在那个区域，我才感受到真正的进步。"

这套方法贯穿他整个人生，也验证了刻意练习的精髓：成长不是在舒适中产生的，而是在精准挑战和深度反馈中实现的。

心理学家安德斯·艾利克森在研究顶级小提琴手的成长路径时也发现，那些最终成就卓越的人，并不是练的时间最多，而是练得最有策略、最敢走进"成长区"的那群人。

他们每天并不追求大量机械重复的练习，而是将更多时间专门留给自己最弱、最容易出错的那几段曲目。这些练习极度困难，听起来也不悦耳，甚至一度令人沮丧。但正是这种高强度聚焦的训练，让他们的技术和表现力层层跃迁。

这些顶尖琴手不仅要"面对自己的短板"，而且在每一次练习中都设定了清晰的目标，比如：今天解决左手八度音高的连贯性，明天提升运弓的节奏控制。他们会反复录音、标记细节、比对差异，从中获得即时反馈并调整演奏策略。

这也是刻意练习与"成长区"结合的真义：练习不熟悉的部分，才是成长的入口；敢进入"成长区"，才是高效练习的开始。

而水平中等的琴手，虽然练习时间也不少，却大多只选择弹奏自己已经熟练、相对流畅的段落。他们更关注"练习的感受"，而不是"练习的质量"。

你一定知道比尔·盖茨，但你可能不知道他有一个"思考周"。比尔·盖茨每年都会给自己安排一周时间，独自阅读他"不懂"的领域，例如流行病学、能源、极端气候等。他称这为"Think Week"。

这一周里，他不去了解自己熟悉的行业分析，而是强迫自己走进完全不熟悉却极具挑战性的知识区间。他不是为了放松，而是为了刻意扩大自己的"成长区"。

真正的突破，不在于你已经掌握了多少，而在于你是否还有愿意啃下来的"未知区"。

追求"成长区"，并不意味着是在"痛苦地挑战极限"。它意味着你愿意每天从舒适区里走出来一点点，向着未知迈出半步。

如果你是一位正在学习的学生，你能否不再只练习自己擅长的，而是每天触碰一次"最害怕的"题型；如果你是一位市场策划师，你能否不再只做稳妥的方案，而是尝试一次"创新的提案"；如果你要参加一次演讲，你能否不再只说安全的话题，而是勇敢讲一些"让你无法驾驭"的话题……

真正的刻意练习不是在消耗你的时间，而是让你和"自己的边界"进行较量。所以，请你从今天开始，不要再问自己"我足够努力吗"，而是问："我是不是每天都在进入'成长区'，哪怕只有5分钟？"

请相信，舒适区只会让你重复昨天的自己，唯有"成长区"才会让你成为更清晰、更有力、更自信的你。

持续变好，是一种超级能力

努力，是这个时代最不稀缺的品质。真正稀缺的，是持续变好的能力。

在这个变化太快的世界里，很多人之所以"起得高、掉得也快"，是因为他们在短期里通过努力爆发，却没有构建起一种持续进化的能力。就像一把锋利却不再磨砺的刀，最初锋芒毕露，但终究还是钝化了。

而真正厉害的人，是那些把持续进步变成一种内在习惯的人。他们没有靠一鸣惊人的机遇，而是靠日复一日地打磨、修正与突破，在生活的"墙"上开出一道门。

持续变好，本质上是刻意练习的一种延伸能力，不是要求做得多，而是要每天都在改进，每次都在升级。你也可以将其理解为"自我进化的系统"。

练习要产生真正价值，必须嵌入反馈机制、修正机制和挑战机制，而不是单纯地重复动作，这就是"持续变好"的训练框架。

那些长期稳定成长的人，从不满足于完成手上的任务，而是不断追问自己：

- 今天这一轮练习，比昨天更准了吗？
- 今天的表达，比上次更有感染力了吗？
- 我是否在挑战自己尚未掌握的部分？

他们每天都在刻意练习，哪怕只有一点进步，也不停止累积。进步的速度不是关键，进步的惯性才是决定你"穿墙"的根本。

格伦·基恩是迪士尼黄金时代的主力动画师，曾设计过《美女与野兽》《小美人鱼》和《阿拉丁》中的核心角色。你可能认为他绘画天赋好，但他最重要的能力不是绘画，而是不断进步的能力。

在迪士尼工作的30年间，他始终坚持一个习惯：每天完成至少画20分钟的"自由线条"的训练——哪怕项目紧急、时间紧凑，他都没有放弃过。

这套训练不是为了产出作品，而是通过刻意练习提高对动作流畅度、角色表情张力、视觉节奏等动画中最难掌握的细节的把握能力。他会录下绘画的过程，观察手势，记录节奏偏差，隔天再进行改进。

曾有人这样评价他："格伦不是画得最多的人，但他是最有复盘思维、最具有训练系统思维的人。"

这正是持续变好的真相：不是盲目地多做，而是带着反馈和修正做深、做准。

而丽莎·尼科尔斯的故事，不仅令人动容，而且更能够展现出通过刻意练习而持续变好的力量。

丽莎曾是一个靠政府救济卡过活的单亲妈妈，身上只剩11.42美元。冰箱是空的，银行账户是负的，而她的孩子需要奶粉和希望。

她也曾一度放弃，甚至想过"是不是我就只能这样过一辈子了"。

但她选择从一个最小、最具体的练习开始：每天写一段一分钟演讲稿，并大声练习5遍，录音后回放复盘。

这不是表演，而是刻意练习表达、语调、节奏、情绪传递。她一开始结巴、语速紊乱，但她不断优化脚本结构、练声音共鸣、观察自己不自觉的语气、小动作。

她说："我每天只问自己一个问题：今天的我，比昨天多了一点点进步吗？"

后来她挑战在陌生人面前开口演讲，第一次只讲了37秒就慌张离开，第二次撑到了2分钟，第三次终于完成了5分钟的完整演讲。她把每一次台下观众的反馈都记录成表格，分析"哪句话引发了共鸣""哪里观众走神了"。

10年后，她成为全球演讲舞台上的明星，被欧普拉邀请到访谈节目，出版了畅销书，还创办自己的励志学院，影响了全球数百万人。

丽莎·尼科尔斯不是靠一夜逆袭的，而是靠每日1%的进化，把自己"练出来"的。

她说："我不是一夜之间成为现在的自己，而是每一天都选择不一样的活法，每一天都让自己成为更勇敢、更清晰、更有力量的版本。"

这就是持续变好的力量。

持续变好，并不等于你要投入更多时间，而是你开始用"成长型思维"对待每一次行动：

· 你不是完成工作，而是观察做法是否更高效。

· 你不是再讲一次PPT，而是改进表达是否更有感染力。

· 你不是再跑一圈，而是关注步伐与呼吸是否更协调。

你开始带着目标去做，带着反馈去练，带着自我校准去推进。这时候，时间就不再是"指尖的流沙"，而变成了积累真正成长势能的容器。

持续变好，是一项任何人都可以训练的"超级能力"。它不需要天赋，只需要系统性；不靠灵感，只靠专注；不求速成，只求每天优化1%。

你不必在一天内推开所有的门，只需要每天握紧那把叫"进步"的钥匙，轻轻一转，就能听见命运"咔嗒"一声开门的声音。

天赋不敌结构化练习

在日常生活中，我们总是高估天赋的作用，却低估了训练的力量。

比如，看到一个人演讲流利、思维敏捷，就觉得他天生口才好；看到一位设计师作品出色，就以为他"有艺术细胞"；看到别人逆风翻盘，就说"他就是比我们聪明"。

这种对天赋的神化，不仅让我们误解了成功的本质，更让很多人在开始行动前就选择了放弃。

但真正拉开人与人差距的，从来不是起点的高低，而是后天的结构化练习是否持续且有效。

什么是结构化练习呢？结构化练习不是简单地"多练几次"，而是一种有目标、有反馈、有阶段、有挑战、成系统的训练方式。它的核心在于不靠感觉练，而是靠拆解、节奏、难度递增去练。

这种练习方式，不仅效率高，而且可以让一个普通人在没有"天赋"的前提下，一步步逼近高手的水平。

多米尼克·奥布莱恩曾7次获得世界记忆冠军，他的故事最颠覆常识的一点在于：他小时候是一个注意力极差、学业不佳的学生，还被医生诊断有轻度阅读障碍。

但他用了整整5年时间，自创了一套结构化的记忆系统：

- 将所有数字对应为图像；
- 把陌生词拆分成熟悉的谐音；
- 每天训练在嘈杂环境中强行记忆；
- 每周复盘一次，把记忆错误率做成图表记录。

这套系统最终让他实现了"读一遍就能记住一整副扑克牌"的技能。由此可见，多米尼克并不是赢在超常的记忆天赋，而是建立了比别人更科学的练习系统。这就是"结构化练习"的神奇之处。

那么，为什么"随便练"和"结构化练习"差别巨大呢？让我们举个简单的例子来说明这一点。

比如，两个人都在学习演讲：

A每天对着镜子重复练习演讲内容，希望熟能生巧；

B则把演讲拆分为"开场吸引力、逻辑结构、停顿节奏、结尾冲击力"4个模块，每次只练习一个模块，找朋友帮忙打分，通过录音回放自我评分，隔天改进后再试一次。

一个月后，两人表面上练习的时间一样，但成长幅度完全不同。

A虽然熟练地背诵了演讲稿，但一上台就容易卡壳、语速过快、情绪平淡，观众听完脑海中没有留下太多记忆点。演讲结束后，他自己也感到一头雾水，不知道问题出在哪里，只觉得"可能还不够熟练"。

而B的演讲则层次分明、语速有节奏感，开场30秒就抓住了观众的注意力，逻辑清晰、情绪自然递进，结尾有冲击力，让人忍不住鼓掌。更重要的是，他在整个过程中自信从容，哪怕临时出现小插曲，也能灵活应对。

这不是因为B更有天赋，而是因为他在每一个关键细节上都进行过"刻意+反馈"的训练，每一处弱点都被拆解过、打磨过、升级过。

结构化练习就像一把雕刻刀，不断切削、打磨你的能力边缘，最终不是为了表明你"练过"，而是表明你"练得准、练得深、练得成系统"。

职业运动员是竞争极为激烈的群体，除了天赋，若想脱颖而出，结构化练习更是必不可少的。NBA著名球星史蒂芬·库里的成长经历足以说明这一点。

库里以三分球精准著称，但他并不是典型的身体天才型球员。相反，在进入NBA初期，他的身体对抗能力并不突出，甚至因脚踝伤病被质疑能否长久比赛。

为了改变自己，他建立了极为结构化的训练系统：每天早上练投篮前先做30分钟的"无球跑位+假动作+接球出手"的连锁动作，模拟实战场景；每个投篮位置都设定不同出手节奏；练习时把自己置于时间压力、疲劳状态下测试精准率；每周分析投篮视频数据，定位下降原因……

这种系统化的刻意练习，才让他在高强度比赛中保持命中率，并持续多年保持巅峰。对于库里来说，他的训练不是在练投篮，而是在练习"任何状态下都能准确出手"的系统。

这就是结构化练习的威力：不是做简单加法，而是精密打磨。

许多人说："我没有天赋，怎么办？"其实答案很简单，你应该建立一套结构化练习系统。

你不需要成为天才，但你需要一个可以持续优化的成长路径图，比如：

• 想成为优秀表达者，你就需要通过结构化练习拆解结构、录音复盘、分析观众反馈。

• 想成为写作高手，你就需要通过结构化练习分析范文、模仿语感、逐段精改。

• 想成为销售达人，你就需要通过结构化练习模拟场景、建立问答模板、拆解客户心理反应。

你不是靠本能，而是靠系统去"构建"一个更厉害的自己。天赋让人在起跑时占有优势，但只有结构化练习才能让你拉开与竞争者之间的差距。

　　如果你的练习不系统，只是"看着办、练着试试"，就很容易掉进"努力很多，但效果一般"的陷阱。但只要你开始为自己设计结构、制定反馈机制、分阶段挑战难度，你就已经打开了一扇比天赋更强大的门。

沉浸感是刻意练习的"加速器"

刻意练习是一种路径，而沉浸感才是它真正的加速器。

很多人问："为什么我练得挺多，也设计了练习的结构，进步却没那么快？"

这个问题的关键在于，并不是练得不够，而在练得不"深"，也就是没有真正进入沉浸状态。

心理学家米哈里·契克森米哈赖在《心流》一书中指出，人类在体验到最深满足与最强成长的时刻，往往不是因为做得轻松，而是因为他们正处在一个"挑战刚刚好、注意力高度集中、时间感消失"的状态中。这种状态被他命名为心流（flow）。

这正是成长最理想的状态。它不仅能提升练习效率，更能点燃我们内心对进步的渴望。

而要想在练习中触发"心流"，靠的不是天赋，而是科学的训练结构、明确的目标、即时反馈的良好配合。

当你在做一件略微超出你现有能力的事时，必须投入全部心力，排除一切干扰，这种状态下，大脑的学习系统会迅速活跃，思维转速提升，内在感知放大。你会突然发现：时间变短了，动作更自然了，解决问题的速度变快了，甚至练习本身开始给你带来愉悦与成就感。

这不是"鸡血式"训练，而是一种状态，一种心理与行动高度一致的深度练习体验。而真正让练习"生长"的，不是练得多，而是每一次都能沉浸其中。

沉浸感是一种"心理通道"，它让你从"我在练习"过渡到"我就是这件事本身"的状态。它带来的不仅是效率的提升，更是体验的跃升。

很多人坚持练，却始终找不到"精进"的感觉，就是因为他们始终处于一种"浅层操作"中。注意力涣散、反馈滞后、目标不明、挑战度不匹配，导致练习效果大打折扣。

而真正有沉浸感的练习，是精准切中"成长区"的系统性投入，它让你在最短时间内进入最高效的状态。

张尚轩是纽约数据科学学院创始人，被《福布斯》评为"数据分析领域的9位领先女性"之一。她从工程师起步，到后期创办培训机构、成为斯坦福与哥伦比亚大学的特邀讲师，只用了不到6年的时间。

这背后，靠的不是突出的学历或背景，而是一种极度沉浸式的自我训练机制。

她每天安排两个"深度练习区段"，一个在清晨，一个在深夜，每次专注90分钟，完全断网，不回复邮件，不浏览消息，专注于解决一个核心技术问题或课程结构优化。

她说："我并不比别人聪明，只是我给每一次练习都创造了一个能让自己'掉进问题里'的空间。"

在她的"深度练习日志"中，每个问题会被拆解为小目标，每次练习后都会有总结记录，并写下自己的情绪状态："是否进入心流？如果没有，是什么干扰了我？"

这种对"沉浸体验"的重视和复盘，让她不仅快速掌握前沿技术，还能在讲授中清晰地传递结构化思维，成为极具影响力的实践导师。

张尚轩的案例说明了一个关键：沉浸，不是神秘体验，而是一种可以被训练出来的能力。

为什么沉浸感能催化成长？原因非常明显：当你进入沉浸状态时，你的反馈系统最敏锐，修正速度最快，记忆效果最强，动力感也最稳定。

这就像将一粒种子放在温度、湿度、阳光刚好的土壤中，它会以最快速度生根、发芽，而不是在多次反复的"换土"中纠结。

沉浸状态不是偶然可得的，它是一种可以训练和召唤而来的状态。尤其当你的练习系统清晰、任务被拆解得精准、注意力得到保护时，你就更容易"进入"这种状态。

很多人练着练着就累了，是因为他们始终"在练之外"游走，一边刷手机，一边敷衍地练，一边练一边想别的事，时间在流，注意力却没进场。

那么，我们如何帮助自己打造"沉浸式练习"的环境？

一是任务具体化：明确你今天的目标是什么，而不是泛泛地告诉自己"我今天要练习"。

二是屏蔽干扰源：手机静音、关闭推送、设定一个深度专注时段。

三是控制练习强度：选择略高于当前水平的挑战区间，既不过于简单，也不至于让你因畏难而放弃。

四是安排即时反馈机制：回听录音、自我打分、对比历史成果、请他人指出具体问题。

五是定时+复盘：设定25~50分钟的专注练习窗口，每次结束后花2分钟时间总结与复盘。

你不需要强迫自己"全神贯注"，你只需要搭建一个能帮助你沉浸其中的练习场域。当你开始学会进入它，你就会发现，进步不再痛苦，练习不再枯燥，突破不再遥远。

总之，沉浸状态是每一个练习者的最佳盟友。它不是神秘体验，而是你用系统、节奏和目标构建出来的成长通道。每一次"沉浸其中"，你都被带向那个即将穿墙而出的自己。

第七章

正念觉醒：
内在的掌控力量

—

　　外部世界再强大，都敌不过你混乱的内心。而当你学会安住当下、觉察自我，真正的掌控感就开始建立。掌控内在的力量，并不是教你如何更努力，而是教你如何更清醒地努力，如何在纷扰世界中找到内在锚点，活得稳、准、深。

真正的稳定，是内心的稳定

我们生活在一个持续轰鸣的时代。手机一响，社交媒体的信息像雪崩一样扑来，你似乎每天都在忙、每天都说"太累"，可回头一看，却不知道自己忙了什么、累在何处。

太多时候，我们误把"高效"当成力量，把"反应快"当成能力，把"日程排满"当成成功的象征。可真正有力量的人，并不是那些永不停歇、永远在路上的人，而是那些能在纷扰中稳住自己步伐，哪怕世界动荡，也能守住心中秩序的人。

你有没有发现，那些在人群中最沉得住气、最有方向感的人，不一定是声音最大、出镜最多的人，反而是那些安静、笃定、不急不躁的人。他们面对问题时不慌不乱，做决定之前不急不躁，哪怕时间紧张、局势复杂，也总能比别人更快看清关键，更早找到出口。为什么？因为他们有一个别人没有的东西——内在的宁静。

曾经有一位我非常欣赏的朋友，是一家大型企业的中层管理者。在一次公司重组中，他所在的部门被波及，岗位被取消。大多数同事都陷入慌乱，有的急着找猎头，有的四处托关系，有的心浮气躁，开始疯狂投递简历。办公室弥漫着一种集体焦虑的气氛，仿佛世界末日即将到来。

而他却没有第一时间加入"自救狂潮"。他并不是不着急，而是选择每天早起，散步半小时，泡一杯茶，然后安静地坐着，把手边的旧项目一件一件清理完，把团队内部的交接文档整理得井井有条。他说："我不能控制公司会发生什么，但我能控制的是，让自己别乱。"

他用了两周时间去厘清自己的方向，而不是立刻投身到混乱的选择中。他回顾了这几年的成长，重新思考了自己的能力定位，查漏补缺地学习了一些之前没时间掌握的技术，默默地重建自己的职场价值。他并没有急着离职，而是在等待最合适的下一步。最终，公司高层决定保留他，并调任他为一个新部门的负责人。他不仅没有失去工作，反而意外得到了一次职业跃升。

他说："当大家都慌的时候，反而是我最清醒的时候。我并不比别人更聪明，只是我不想让慌张替我做决定。"

他说得很轻，但那份稳，是经过训练的。

内在的宁静不是装出来的，而是来自一种对自我的掌控。当一个人知道，自己可以随时停下来整理情绪，可以在复杂局面中看清关键，可以不被外界牵着鼻子走，那他就拥有了真正的力量。

宁静，不是无事可做时的清闲，而是有千万件事在等你时，你依然能安稳地呼吸、不慌不乱地优先处理最重要的事。宁静，是你面对压力时不被它压垮的定力，甚至是能让压力转化为你思考助力的智慧。它不是让你消极地"躺平"，而是让你积极地"安住"。

很多人都在追求"掌控感"，以为多掌握信息、多回应消息、多计划安排，就能赢得确定性。但真正的掌控感，从来不是外在的控制，而是内在的稳定。当你越想掌控一切的时候，你反而会越焦虑，因为你会发现，这个世界根本不会按照你的计划运行。而当你开始掌控自己的情绪、念头和专注力，世界再怎么变，都不会让你失衡。

有心理学研究表明，一个人在高压状态下，大脑会进入"应激模式"，做出"战斗或逃跑"反应，这时思考能力会大幅下降，判断容易出错。而那些可以在压力中让自己"慢下来"的人，其大脑会进入前额皮质的主导区域，做出更深思熟虑、理性而清晰的决策。也就是说，慌乱时冲出去，通常是撞墙；冷静时再动身，才更容易找到门。

我们总以为人生是一场赛跑，谁跑得快谁就赢了。可事实是，人生更像是一场定向越野，你不只要跑得快，还要选对方向。而方向感，从来不会产生于匆忙的状态中，而来自那一刻的内在宁静。

你可以问问自己："最近一次在决定重要的事情前，我有没有真正安静地思考过？有没有因为压力大就急着回应？有没有在事情还没完全弄清楚时就匆匆出发？"

真正的宁静，不是把自己放到深山老林里与世隔绝，而是在城市喧嚣、日程排满、人心浮躁中，依然有能力按下暂停键，深呼吸一下，然后告诉自己："我还在，我很清楚，我知道自己该往哪里去。"

在人生最迷茫的时候，请别急着发疯、崩溃或逃避。不妨给自己一点空间，哪怕只是10分钟的沉默、5分钟的闭目养神、一页纸写下的心事。那一刻的宁静，也许会为你打开一扇你原本看不见的门。

外界一直吵闹，你的心却可以保持宁静。这份宁静，不是逃避现实，而是看清现实后依然安住内心的能力。真正的强者，从不靠喧哗取胜，而是在寂静中也能迈出最清晰的一步。

墙挡不住你，慌乱才会。请记住，当你安静下来，你的方向感就回来了。而方向，才是打开那扇"成功之门"的真正钥匙。

看见自己的念头，而不是被它操控

你有没有试过这样的时刻：本来只是一件小事，比如朋友没回复消息、上司语气有些冷淡，你的脑中却像自动播放了一整套"灾难电影"。你开始猜测："他是不是讨厌我？""我是不是哪里做错了？""是不是要出事了？"这时，你的情绪开始紧张、心跳加快、坐立难安，仿佛自己陷入一个无形的黑洞中。

很多人以为，是事情本身给人带来了某种情绪，其实，大多数时候，让我们痛苦的不是现实，而是我们对现实的念头。

念头，是人类思维的自然产物。它们源源不断地浮现、变化、重复，一刻不停。但真正的问题不在于"有念头"，而在于我们是否分得清"念头"不等于"真相"。大多数人没有意识到，我们每天活得如此累，是因为我们从不怀疑自己的念头，反而被它牵着走，反应、焦虑、恐惧、失控……都像是被自己的"脑内旁白"拖着往前奔。

你不应该被念头操控，你应该是那个看见念头的人。

正念修炼的第一步，就是训练自己从"被念头牵走"，变成"看见念头升起"。这听起来简单，却是心理掌控力的本质所在。

设想一个场景：你正开车行驶在城市的主干道上，突然前车急刹，你猛地踩下刹车，一瞬间，你脑子里可能闪现出很多念头——"这人怎么回事！""我差点就撞上了！""今天真倒霉！"……但如果你能够暂停一下，不急着反应，而是像个旁观者一样观察自己："啊，我刚刚产生了烦躁的情绪，我注意到我在咒骂前车，我有点紧张。"这时，你和那个念头之间，就有了一点距离。

这个距离，就是你的人生转折点。

一个能觉察自己念头的人，会拥有选择的自由；一个被念头操控的人，只会反复落入惯性的反应循环里。

说到这里，我想起了一个著名的历史人物——古罗马皇帝马可·奥勒留，他每天都要面对国家政务、战争危机、人性背叛等，但他依然能保持清明、沉稳与仁慈。他的秘诀之一，就是每天用笔写下自己的念头。

他会写道："这个人激怒了我，但我可以选择不被情绪掌控。"他从不逃避念头，而是选择正视它、理解它、拆解它。这种习惯，成了他治国的基础，也成了他不被外部世界操控的原因。

这就是"看见念头，而不是被念头操控"的智慧。

心理学家指出，人类每天会产生大约6万多个念头，其中大多数是重复的、无意识的、情绪驱动的。如果我们不加筛选地接收它们，我们的人生方向就会被这些杂念牵着走，我们就会成为情绪的奴隶。

但如果你能在念头升起的那一刻稍作停顿，哪怕只是一秒钟，你就可以在"念头"和"行动"之间插入一个选择。

比如你可以对自己说：

"我注意到我有一个'我不够好'的想法，但它只是一个念头。"

"我此刻有点生气，但我不急着表达，我可以先感受一下这股气。"

"我想逃避这件事，但我不一定要立刻顺从这个冲动。"

这就是正念带来的觉醒。

它不是让你没有情绪，也不是压抑思维，而是让你意识到：你并不是你脑中所有声音的产物。你有观察它们、引导它们、选择回应的能力。

你会越来越明白：情绪不等于事实，想法不等于真理，念头不等于命运。

你越能练习这种觉察能力，就越能在压力中保持冷静，在冲突中保持边界，在混乱中保持方向。

这也是为什么许多世界级的运动员、企业家、创作者，都将"正念观察"当作日常必修课。他们知道，比赛的关键不在场上，而是在脑中；一个人能否持续前进，不在于他多聪明，而在于他在念头爆发时，能否保持一点点觉醒。

你也可以开始简单练习：

每天留出5分钟，坐下来闭上眼睛，观察自己的念头，如同看云飘过，不去评判，只是"看着"；

当你陷入强烈的情绪时，问问自己："我现在相信的这个想法，是事实，还是我的反应？"

在写日记时记录："今天我反应最强烈的时刻是什么时候？那个时候，我脑中出现了什么念头？"

你不必马上改变什么，但只要你开始"看见"，改变就已经在发生。

念头会来，但你可以选择不跟它走。你不是思维的奴隶，而是那个手握方向盘的清醒旅人。

当你真正拥有这个觉察能力时，那些原本在你面前一堵堵高耸的"墙"——愤怒、焦虑、自我否定、冲动——也就不再是必须撞上的障碍，而是你可以绕开、翻越，甚至穿越的风景。

掌控自己的人生，从看见自己的念头开始。

让情绪流动，而不是堆积

人们常说："别太情绪化，要控制好情绪。"于是，我们学会了隐忍、压抑、转移注意力——把那些不该出现的情绪藏在心底，假装什么都没发生，表面看起来波澜不惊，但内心早已暗流涌动。

问题在于：情绪是流动的能量，不是可以封存的垃圾。你压抑得越久，它就越会以失控的方式爆发出来。

真正的力量，不在于压住情绪，而在于你是否愿意让它流动，让它被看见、被理解、被释放。

一个情绪没有被处理，它就不会离开。你可以暂时把愤怒藏起来，但它可能会在下一次争吵中成倍爆发；你可以强忍着悲伤，但它可能会在一个深夜悄然袭来；你可以对焦虑闭嘴，但它会在身体里留下痕迹——失眠、心悸、易怒、疲惫。

就像一个池塘，如果不断往里面扔石头、水草、垃圾，却从不清理，总有一天它会发臭，变成死水一潭。情绪的池塘也是如此，不是越安静越好，而是需要有流动、有出口、有空间。

请记住，真正的"静"，从来不是僵硬的情绪压制，而是一种柔韧的内在状态。情绪并不可怕，重要的是不要让它成为主导我们行为的力量。你不是情绪的奴隶，而是那个可以引导它穿越、释放、归于宁静的人。

有这样一位知名的企业家，在创业初期面临巨大压力，每天都要处理巨额资金、团队冲突、市场波动。他曾经试图以理性控制一切，不允许自己"感性"，甚至觉得"流泪""失控"是软弱的表现。

但后来，他开始进行简单的冥想练习，让自己每天至少有10分钟专注地观察情绪的起伏。他说："我第一次发现，原来我的焦虑并不是因为外部的事，而是我从没停下来好好感受自己的恐惧。"

在那之后，他依然会焦虑，但焦虑不再像过去那样主宰他，而是成为他洞察自己状态的信号。他学会了与情绪共处，而不是与情绪对抗。

这就是关键。

你不需要做一个"没有情绪的人"，你要学会做一个"让情绪流动的人"。

如何让情绪流动呢？以下几个方式，也许可以帮你打开一个出口。

第一，把情绪说出来，而不是藏起来。

你不一定非要在众人面前倾诉，但你至少要对自己诚实。写日记是一种很好的方法，不必逻辑清晰，也不用句句有道理，哪怕只是一句"我今天真的好烦"，都足以让情绪有一个出口。

第二，允许自己"感受"，不急于"处理"。

很多人一有情绪就立刻跳进"解决模式"："我怎么这么脆弱？""我应该想开点。"可问题是，情绪不是立刻要你解决的任务，它首先需要的是你承认它存在。你要对自己说："我现在确实感到很愤怒"，然后让这个情绪自然退潮，而不是打压它。

第三，借助身体的方式释放情绪。

情绪不仅存在于大脑，也存在于身体。运动、散步、唱歌、大声呼吸，甚至哭一场，都是让情绪流动的方式。别让你的身体变成情绪的囚牢，而是变成它的出口。

第四，不在出现情绪时做出判断。

当你陷入某种情绪中时，别急着做决定。一个人处在愤怒、失落、恐惧中，很容易做出"我不干了""我放弃了""我不值得"的结论。你要做的，不是马上给出答案，而是让情绪流动之后，再去评估事情的真实模样。

情绪像水，堵起来是压力，流动起来就是能量。

真正强大的人，不是永远面无表情的人，而是那些愿意诚实地面对自己内心的波动，然后让它自然流过的人。他们的内心，不是死水，而是有源头、有出口、有波光的池塘。

你也许此刻正感到疲惫、委屈、烦躁，请不要害怕这些感觉。它们不是你的敌人，而是你内在系统发出的信号。它们提醒你停下来、照顾自己、看看你忽略了什么。

人生没有必须保持"好情绪"的义务，但你有权利拥有情绪流动的自由。

当你开始不再压抑情绪，也不被它牵着走，而是允许它来，允许它走，你就会发现：许多过去困住你的"墙"，其实只是你内在长期堆积的能量，等待一个出口，等待你说一句："没关系，我看见你了。"

让情绪流动吧，它不需要你消灭它，只需要你给它一点空间。

你会发现，情绪流过之后，不会给你造成损害，而会留下一个更清晰、更柔软的你。

从"要做更多"变成"做对的事"

我也曾经沉迷于每天处理无数邮件、安排日程、接受采访、维护社交媒体，仿佛没有一刻能停下来。但后来我发现，自己做的很多事情并不是必须要做的，更谈不上真正重要。相反，真正推动我成长与创作的事情——深度阅读、专注写作、规律锻炼，都被我安排在"有空的时候"。

直到有一天，我忽然意识到：忙碌并不等于有效，充实也不等于有意义。

我们太容易被"做得多"迷惑，而忽略了一个更重要的问题：我们到底有没有在做"对"的事情？

就像一辆车，开得再快，如果方向错了，也只会离目标越来越远。人生亦如此。

"做对的事"，是一个看似简单却极具挑战性的选择。它要求我们停下脚步，重新审视：什么是对我来说真正重要的？什么是非我不可的？什么是我此刻最该投入的？

但很多人之所以宁愿"多做"，也不愿"挑着做"，是因为"做得更多"带来了一种假象的安全感：我没有闲着，就好像我没有问题。但"做对的事"却意味着取舍，意味着你要放下那些"看起来不会错"的事，专注于做真正有价值的事。拥有这种取舍的勇气，并不容易。

尤其是在焦虑驱动的环境中，我们更容易"多做"，因为那会让我们感觉自己至少还在控制些什么。但结果往往是：我们做了一堆事，却没有一件真正打动我们、改变我们、成就我们。

一个创业者，他每天开无数会议、发无数邮件、处理各种小问题。他忙得像陀螺，却始终没有时间静下心来思考：产品的核心价值是什么？客户真正需要什么？我们要走向哪里？

而另一个创业者，每天只专注于3件事：思考战略、打磨产品、对话客户。他做得少，但件件都击中要害。几年后，二人的差距不言而喻。

这不仅适用于创业，也适用于你我每一个人的人生选择。

所以，我们要学会从"数量"思维，切换到"质量"思维，从"我今天完成了多少"转而关注"我今天有没有完成最重要的一件事"。

你可以开始练习这样几个动作。

1. 每天只列"3件最重要的事"

不是所有待办事项都同等重要。你可以写下10个待办事项，但请在其中圈出最重要的3项。哪怕只完成这3件，你也值得为自己点赞。

2. 设定"不做清单"

我们常常因为"做得太多"而疲惫，但其实很多事压根就不该你来做。尝试写下"我不再做"的清单，比如：临时性的无效应酬、无止境的信息刷屏、别人的焦虑转嫁、无关紧要的会议邀请……勇敢地说"不"，你才能为真正重要的事情腾出空间。

3. 为重要的事"预留时间块"

别把最重要的事留到"有空的时候"做。你要为它们安排黄金时间段，就像安排一场重要会议那样郑重。你要写的书、你要准备的简历、你想建立的副业，这些都配得上你最清醒的时间。

4. 定期自问："我在靠近我的目标吗？"

定期回顾一周、一月甚至一年的时间使用情况，问问自己：我是在被动回应生活，还是主动塑造人生？我做的这些事，是否真的配得上我的时间和能量？

人生最怕不是走得慢，而是一直在原地绕圈。

我们不缺行动力，我们缺的是方向感。我们不是太懒，而是太忙——忙着应付、忙着回应、忙着证明，却忘了有价值的人生不在于你做了多少，而在于你做对了多少。

真正有力量的人，不是拼命多做，而是果断做减法，只做那些真正值得做的事。他们的时间表上看似空荡，实则每一步都精准；他们不慌不忙，却步步扎实；他们活得简洁，但不简单；他们做得少，但效果大。

如果你正感到疲惫，不是因为你不努力，而是因为你把精力分给了太多无关的事。如果你正感到焦虑，也许你不是该更努力，而是该更明确——明确你此刻最该专注的是什么事。

人生不是赛跑，而是定向越野。请你从今天开始，问自己：

· 我是否在忙着逃避重要的事？

· 我是否敢于停下脚步，去问这一切到底值不值得？

· 我是否有勇气把"做更多"改成"只做对的"？

把每一份力气都用在对的地方，这才是通往自由和成功的道路。

越是在焦虑中，越要"稳住"自己

我们都经历过那种时刻：心跳加快、呼吸急促，脑海中仿佛有100个念头在同时说话。你坐不住，吃不下，想马上做点什么，但又不知道该做什么。你感到一种莫名其妙的紧迫感，就像被看不见的力量推着往前跑。

这就是焦虑的状态——不是来自真正的"危险"，而是来自想象中的不确定感。

焦虑是一种"行动前的紧张"，它告诉你："快点！你不能慢下来！如果你不马上做点什么，就会出事！"可往往真正的危险并不存在，真正的问题在于我们被这股情绪控制了节奏。

我们以为，焦虑的时候要"动起来"，要"立刻解决问题"，但很多时候，越是焦虑，你越需要做的是"稳住"自己。

稳住自己，不是无动于衷，不是放弃解决问题，而是把被情绪挟持的冲动压一压、稳一稳，不让它主导你的判断与行动。

就像车在高速上突然打滑，最危险的不是滑动本身，而是你此时惊慌失措地猛打方向盘。真正有经验的司机，第一反应是——握紧方向盘，先别动，让车稳定下来。

人生也一样。你越慌，就越容易做出错误决定；你越急，就越可能撞墙。

在二战时期，一位年轻的军官被困在混乱的战场前线，四面敌军逼近，通信中断，支援迟迟未到。他身边的士兵一个接一个崩溃、逃离、失控。大家都等着他下命令：是突围，还是死守？

他却没有立刻回应。他静静地站着，闭上眼睛，默默计算时间、风向、地形。他强迫自己"慢下来"，哪怕只有3分钟。他说："如果我跟着大家一起慌，那我们就真的完了。"

几分钟后，他果断下令分批撤退，避开了敌人的主力方向，带着残部奇迹般地突围成功了。

这件事后来被军事学院当作经典战术案例来讲解，但更值得借鉴的，不是战术本身，而是处在极度焦虑时，这位军官仍能稳住自己。

那一刻，他不是不怕，而是知道不能让恐惧来主导局面。

我们大多数人在生活中也会遇到焦虑的时刻，并不比战场轻松：考前焦虑、面试焦虑、人际焦虑、经济焦虑……我们急着找答案，急着让"不确定"变得"确定"。

但在焦虑状态下，你的大脑其实并不适合做决定。心理学研究指出，焦虑时人脑会被情绪脑（杏仁核）主导，理性判断区域活动下降。也就是说，你越焦虑，做出的选择越不理智，越容易后悔。

所以，我们需要一项极为重要的能力——情绪中的"延迟反应"。当你感觉自己快要爆炸、快要崩溃、快要忍不住做点什么时，给自己按下"暂停键"。

稳住自己，哪怕只是5分钟，也许你就躲过了一场错误。

有时候，真正的智慧不是反应快，而是能控制住"不该反应"的时刻。

那么具体该怎么做呢？

1. 深呼吸是你随时带在身上的"刹车键"

当你焦虑时，最直接的能帮助你平静下来的动作，就是缓慢、深长地呼吸。把注意力拉回身体，哪怕只是30秒的专注呼吸，都能打断你被情绪牵引的链条。这是被大量神经科学证实的简单有效的法则。

2. 为自己设一条"延迟行动线"

告诉自己：我可以做出决定，但不是现在。给自己设定"24小时不做决定"的原则，或者"晚上不发情绪消息"的底线。你会发现，90%的冲动都不值得执行。

3. 写下来，而不是马上做出来

焦虑的时候，你脑子里的"声音"会变成噪声。把它写下来，是一种极好的整理心情的方式。你会发现：写出来的想法，比你脑子里想的要冷静得多、也清晰得多。

4. 找到那个"稳住你"的日常动作

每个人都有自己的"地锚"——有人是泡一杯热茶，有人是听一首老歌，有人是走一段熟悉的小路。当你焦虑时，去做那个能让你回到自己的动作，它会在混乱中帮你找回平衡。

稳住自己，不是逃避问题，而是为自己争取能做出理性清晰判断的空间。

你可能会觉得"慢一点"是不是太被动、会不会错失机会。但真正错失机会的，是那些在焦虑中胡乱出手、事后悔恨的时刻。

人生很多失败，不是因为你没有能力，而是你没有能力在关键时刻稳住自己。

每一次你把自己从焦虑的边缘"拉回来"，你都在重新夺回自己的人生节奏权。

所以，下一次当你感到不安、恐慌、想立刻逃跑或拼命扑救的时候，请对自己说一句："我此刻最需要的，不是立刻做点什么，而是先稳住自己。"

稳住了，你才看得见真相；稳住了，门才会显现。

学会拒绝外界的干扰

你早上醒来，第一件事是拿起手机，看消息、刷新闻、点开社交平台。你本来打算好好规划这一天，却在半小时后突然发现自己沉迷于一篇文章、一场热点争议、几个不相关的推荐视频中。你匆匆洗脸、出门，心里还挂念着刚刚看到的一条朋友圈、一段争议评论、一句似有暗示的聊天内容。整个人像被拉扯在几十根看不见的线里，情绪飘忽、注意力分散，一天尚未开始，你就已耗尽了大半的精力。

这是现代人的常态：我们正被信息的洪水包围，被"回应"的本能拖着跑，被"看见"的焦虑吞噬。我们以为自己在掌握节奏，其实早已被外界的节奏牵着走。

寻求宁静的第一步，不是去深山隐居，不是卸载掉所有社交软件，而是主动掌握不被外界控制情绪与思维的权力。也就是说——你必须学会拒绝干扰，重建内在秩序。

美国著名棒球运动员德里克·基特，曾被记者问到如何在重压之下保持冷静，他说："我不看新闻，也不看别人怎么评价我。"这并不是他不关心世界，而是他深知，如果你一味地回应外界，你就很难保有自我。

他有自己的训练节奏、饮食习惯和作息规律，在外界最关注、最喧哗的时候，他往往选择去散步、听音乐或打坐。别人都在冲刺，他在慢跑。别人被舆论牵着节奏，他却始终掌握自己的呼吸频率。正因为他始终具备"屏蔽干扰"的能力，才能在赛场上无数次顶住压力、稳定发挥。

他不是天生强大，而是比别人更会"关掉世界的声音，听见自己的心跳"。

我们不是明星，没有被舆论围追堵截，但我们每天也要面对无数"看似非回应不可"的干扰：

· 工作群里深夜发的"紧急提醒"；
· 朋友临时抛来的"你怎么看这件事"的问题；
· 网络上滚动不止的热搜与丑闻；
· 来自社交平台的"刷一刷就过去一小时"的诱惑。

这些东西不全是有害的，但它们都有一个共同特性：它们不属于你主动选择的节奏，而是你被动接受的节奏。

长此以往，我们的注意力被切碎、分流，我们的大脑始终处于"回应模式"，没有深度思考，没有主动行动，也就没有真正的成长和创造。

宁静，并不是指你要彻底与世界断开联系，而是你要拥有选择何时连接、何时中断的主动权。不是"都不看"，而是你能说："现在，我不看。"

这是力量的开始。

许多人误以为，真正强大的人是那些"无所不知、消息灵通、永远在线"的人。但真正有力量的人，是那些能选择关闭通道，把注意力收回来、集中于眼前该做之事的人。

他们懂得，在一件重要的工作中途，不该频繁查看手机；在与人谈话时，应该把眼睛放在对方身上而不是荧幕上；在决定人生方向时，应该倾听内心，而不是网络上的喧嚣。

我们从小被教育要"认真听别人说话"，却很少被教育"认真听自己说话"。这也导致了我们成年后更容易被外界情绪裹挟，一旦他人焦虑，我们也焦虑；一旦别人走快一步，我们就开始质疑自己是不是落后了。

我们需要训练一种"宁静力"，这不是冷漠，而是一种对自我节奏的尊重与守护。它要求我们重新学习几个最重要的动作：

设边界：不是所有事都要回，不是所有消息都要看，不是所有人都值得你消耗情绪。

做减法：删掉不再带来价值的订阅、群聊、平台，哪怕它"看起来有用"，但实际上它每天都在分散和消耗你的注意力。

停一停：每天哪怕只有10分钟关掉所有设备、闭上眼睛、觉察自己的念头，也比无止境地联通要有力量。

不被期待绑架：你不是所有人的"实时客服"，不回应也是一种成熟的回应。

我们以为，多做一点就会变得更好，但有时真正的成长恰恰来自"有意识地少做一点"——少回应、少滑动、少陷入无效交际。你可以把这些空出来的时间用来养护自己的池塘。

池塘不怕风浪，怕的是你不知不觉间让它变成了水泥地。

生活真正的质感，从来不在于你联结了多少外部世界，而在于你是否还记得自己与自己的联结。

不妨今天就试着开始做一个动作：在一段写作、阅读、陪伴家人或独处的时段，把手机调成静音，放到另一个房间，观察自己有没有那种"想要拿起来的冲动"，以及这个冲动里隐藏着的焦虑和不安。

你越能在这样的时刻让自己"沉住"，你就越接近那种来自内心的深度力量。

世界会一直吵，但你可以学会静。

那份"拒绝干扰"的能力，是你走过困局、穿越迷雾、找到属于自己的门的关键。

正念与独处是创造力的源泉

　　创造力并不只属于艺术家、作家或科学家，它是每个人日常生活中都需要的一种能力。无论你是在写一个方案、规划一次转型、寻找自我方向，还是单纯地想为生活打开一个新局面，你都在使用创造力。

　　可很多人以为，创造力是一种"灵光一现"的神秘天赋，是某种天生的才华，和自己无关。但真正的创造力从来不是凭空而来，它往往诞生于一种特定的心理空间：安静、清醒、专注的独处时刻。

　　这也是为什么许多杰出的思想、作品、突破，不是在会议室里吵出来的，不是在朋友圈的点赞中激发的，而是在一个人安静地散步、发呆、旅行、写作时悄悄降临的。

　　独处，是一种必要的空白。

　　在这个时时在线的世界，我们越来越难拥有真正属于自己的时间。一个人的时候，不是刷手机，就是想着如何"充实"自己，很少有人敢直面"无所事事"时的自己。但正是在这种没有外界干扰、没有任务压力、没有信息输入的空白时刻，我们的大脑才得以"重新连接"，潜意识才得以浮现，灵感才得以生长。

英国哲学家罗素曾说："一个人如果不懂得享受独处，将无法真正享受人生。"

独处不是孤独。孤独是被动的寂寞，独处是主动的选择；孤独让人萎缩，独处却能激发生命力。

正念，则是把这种独处变得更深更广的一种方式。

所谓"正念"，就是全然地活在此刻，清醒地观察正在发生的事，而不是被情绪、思维或回忆牵着走。

当你在独处时练习正念，不判断、不抗拒，只是安静地觉察自己的呼吸、想法、情绪和身体，你会发现，大脑从嘈杂转为澄明，心也从焦躁转为温润。正是在这种状态下，最深的创造力开始酝酿。

有一位非常有名的设计师，在接受采访时被问到创意从哪里来。他笑着说："我最有灵感的时候，不是在讨论会上，而是在我洗碗、扫地、散步的时候。那时候脑子是空的，才进得去点东西。"

这并不是玩笑。心理学研究早就发现，人类的大脑在"无任务状态"时，也就是看似什么都没干的时候，反而处于最活跃的整合模式中。它会不自觉地联结过往的经验、当前的问题与潜在的可能性——这就是创造力的来源。

再看看那些伟大的作家、哲学家、科学家，他们大多有一种"刻意独处"的习惯：梭罗住进瓦尔登湖畔的小屋、康德每天散步一小时、牛顿在黑死病期间回家独居，反而都成就了他们的作品和科学发现。

这不是巧合。真正重要的创造，往往来自"被世界安静对待之后的自己"。

但今天的我们，却几乎已经失去了"安静地独处"的能力。我们害怕沉默、害怕无聊、害怕和自己待在一起，于是拼命填满时间，连坐几秒钟的电梯都不肯让自己安静地度过，忍不住要看看手机。

你有没有发现，很多时候，你其实不是没灵感，而是太吵了——你的脑子太吵、你的手机太吵、你的焦虑太吵，以至于真正有价值的想法挤不进来。

你以为自己卡住了，其实只是太久没让自己安静一下。

请给自己留一点空间。不是为了远离世界，而是为了重新找回和世界相处的能力；不是为了逃避人生，而是为了重新审视人生；不是为了拒绝外界的刺激，而是为了在内在世界里激起属于你自己的火花。

你可以做一些简单的练习：

每天早晨醒来前10分钟，不看手机，只是坐着，写点东西，看看脑海里浮现了什么；

每天散步时，不听歌、不打电话，只是安静地观察周围环境和觉察自己的思绪；

每周给自己留一段"独处时光"，不安排任何任务，去一个没有干扰的地方，与自己作伴。

你越熟悉这种独处状态，就越会发现，原来你内心的池塘一直都在，只是过去被太多外界的声音搅得波涛汹涌，现在，它开始慢慢清澈了。

而在那片清澈的水面之下，正藏着你的创造力、你的灵感、你的方向感。

真正的创造，不是从"拼命思考"开始的，而是从"放空自己"开始的。它不是在争抢和焦虑中蹦出来的，而是在静谧与觉察中浮现出来的。

你可以永远在线，但你更应该学会什么时候需要"下线"，去独自面对那个宁静而真实的自己。

你就是你最好的创意源泉，而正念与独处是你挖掘创意的唯一钥匙。

身体、心智、灵魂三方面要平衡

真正的宁静，不只是一种心理状态，而是一种全人状态。很多人认为，只要调整情绪，学点正念冥想、时间管理，生活就能变好。但他们忽略了一个最基础的事实：我们不是"只有头脑的生物"，我们是一个完整的系统，身体、心智、灵魂三者如同一口池塘的水、风和光，彼此交织，缺一不可。

身体是你面对现实的基础，心智是你应对混乱的工具，灵魂则是你在漫长旅途中不迷失方向的灯塔。如果你忽略了其中任何一环，就像一张三条腿的凳子断了一脚，再怎么坐，都不稳。

你可能会遇见这样的时刻：你脑子里有100个计划，情绪也还算稳定，可就是提不起劲头，早晨不想起床，晚上睡不踏实。你可能也有这样的经历：身体还算健康，情绪也平和，可就是常常对生活提不起热情，感觉心里很"空"，像是在执行别人安排的人生。

那是因为你的池塘缺了水，风停了，光暗了。

你必须同时照顾好这三个系统，人生才能真正稳得住、走得远、活得清晰。

1. 身体，是一切的起点

我们总是低估身体状态对心智和情绪的影响。当你连续熬夜、饮食不规律、久坐不动、缺乏阳光时，你的大脑根本就没办法正常工作。你会变得容易烦躁、注意力涣散、想法消极。你以为是生活的问题，其实可能只是缺了一场好觉、一顿温热的早餐，或一次让自己出汗的快走。

那些看起来精神饱满的人，不一定在练神功，他们可能只是吃得健康、作息规律，走路时抬头看天。

身体是连接你和世界的桥梁。你不能指望用一辆漏油的车完成一次穿越沙漠的旅程。修好车是最基本的准备工作。

所以，如果你觉得自己总处在焦虑、迷茫或低能量的状态，不妨先照顾好你的身体——早睡一小时，多喝一杯水，吃顿热饭，拉伸10分钟，哪怕只是晒晒太阳。你会发现，情绪真的跟着变好了，想法也更清晰了。

2. 心智，是你对抗混乱世界的武器

我们大多数人都在"自动运行"状态下生活。每天一睁眼就打开手机，信息轰炸、对比、评价、应答，大脑几乎没有独立思考的时间。久而久之，我们不是在"用脑子"，而是在"被脑子用"。

清明的心智不是天生的，而是你愿不愿意暂停、觉察、梳

理、整理的结果。你是否常常审视自己的思维？是否能够分辨哪些是事实，哪些是情绪？你是否能在面对诱惑和冲动时按下暂停键，问问自己："我真正想要的是什么？"

有一个作家曾说："很多人活着，并没有真的在思考。他们只是习惯性地重复昨日的程序。"这是现代社会心智的悲剧。你越忙，越被推着走，越需要抽出时间来整理自己的大脑。

读书、写作、冥想、独处，不是奢侈，而是保持清明的方式。就像打扫房间一样，你的脑子也需要定期整理，不然你迟早会被自己的杂念绊倒。

3. 灵魂，是你一生不走偏的指南针

你可以有健康的身体、理性的头脑，但如果你内心空荡、没有热爱、没有方向，你依然会陷入"迷茫者"的困境。

灵魂的状态，关乎你有没有热情、有没有使命感、有没有"为之醒来"的理由。它不是宗教意义上的概念，而是你内心是否在"活着"，是否在与这个世界建立深度联结。

很多人虽然活得很"顺"，却很"空"。他们每天工作、应酬、完成任务，看起来没什么问题，却在深夜里忽然感到困惑："我到底在为谁忙？这真的是我想要的生活吗？"这就是灵魂发出的求救信号。

这时你需要给自己的灵魂一点时间。去做你真正热爱的事，哪怕只是看看喜欢的电影、画一幅画、弹几下吉他、一个

人旅行一天。去问问自己："我是谁？我想成为什么样的人？我做的事还在呼应我内心真正的渴望吗？"

很多人面前的"墙"，并不来自外界，而是来自灵魂与现实的断裂。他们太久没有和自己对话，太久没有给灵魂注入热情，导致每天都像是在扛着一个没有充电的身体在行走。

当身体健康、心智清明、灵魂有光时，你会突然发现，曾经绕不过去的"墙"，其实并没有那么高、那么坚不可摧，之所以很难绕过去，是因为你当时的状态太差、眼神迷茫、脚步太沉。

人生的池塘，需要同时注入干净的水（身体）、流动的风（心智）、温暖的光（灵魂）。只有这三者协同运行，你才能真正稳住自己，在风暴中不被吹倒，在迷雾中找到方向，在困境中不忘前行。

你是否感觉到被卡住了？也许不是你不够努力，而是你太偏重某一部分，忽略了另一个系统的求救信号。

请从今天开始，照顾好你的身体，整理好你的思维，点燃你灵魂的灯火。当你回归到一个完整的自我状态，那些挡在你面前的墙将不再是阻碍，而是一道道等你优雅越过的门槛。

第八章

—

选择卓越，
破墙而出

—

你的人生不会生来就卓越，而是你可以选择卓越。你不需要比别人幸运，但你要比昨天的自己更负责。选择过得"还行"，还是选择发光，全凭你自己的标准。本书的终章，也是你行动的起点——你要相信，每一堵墙后面都有通往卓越的门，而钥匙始终在你手里。

你不只是活着，而是要活出价值

有多少人把一生用来生存，却从未真正活过。

他们每天按部就班地生活、工作、处理琐事，日复一日，却从不曾停下来问一句："我为什么而活？"

不是说你必须要做轰轰烈烈的大事，你的人生才算有价值，而是你要知道自己活着是为了什么。

人来到这个世界的意义绝不只是维持呼吸，不只是为了"还不错"地活着。真正让一个人焕发生命力的，不是"活着"，而是活出属于自己的那份价值感。

就像畅销书《唤醒心中的巨人》的作者安东尼·罗宾所说："人真正渴望的，从来不是成功，而是成就感；不是生存，而是存在感。"

成就感，不是靠头衔换来的，而是你知道：自己做的事情真的有意义，真的在影响这个世界的某一处。

一个人真正活出价值，不一定是从获得掌声开始的，反而是从某个微小却真切的瞬间听见了内心的召唤开始的：

· "这件事，我必须去做。"

- "如果没人做，那我来做。"
- "这么做不是为了赚钱或出名，而是因为它对我来说很重要。"

那一刻，他们的人生从"生存模式"切换到"使命模式"。他们不是想做点什么，而是非做不可。

伊冯·乔伊纳德，户外品牌Patagonia的创始人，声称"只给地球打工""地球是我们唯一的股东"。他的创业并非始于商业野心，而是源于一次内心的不安。

年轻时，他是一名狂热的登山者，在攀岩中，他发现很多人使用的金属钉具会在岩石上留下不可逆的破坏痕迹。那一刻，他内心冒出一个想法："如果我们爱这片山，就不能只想着征服它。"

于是他开始手工打造不损伤岩壁的环保钉具，后来又设计出可持续面料的户外服饰。他成立的Patagonia从一开始就不是为了以"赚钱为先"，而是一个为了让人类与自然共处的解决方案。

他曾说："我做这家公司，不是为了成为CEO。我只想保护我所热爱的世界。"

在Patagonia官网首页，有一句话——"我们这家公司存在的目的，是为了拯救我们的家园。"

他将企业收益的大部分投入环保项目，甚至在晚年宣布捐出全部股权，让公司每年利润直接流向地球保护组织。这不是营销，而是一种信仰的兑现。

他用自己的一生证明：活出价值，不是等你成功之后去补偿世界，而是从一开始就问自己，我的存在能带来什么不同。

活出价值，不是等你变得强大，而是你选择让每一件事有意义；活出价值，不等于改变全世界，但它一定会改变你面对世界的方式。比如：

· 一名教师，不只是教完课程，而是点燃了一个孩子的勇气。

· 一位程序员，不只是敲完代码，而是改善了一个群体的生活便利。

· 一位作者，不只是凑完字数，而是唤醒了一个读者的觉知。

· 一位普通职员，也许改变不了公司制度，但可以影响团队的温度。

你不需要变得伟大，才能活出价值；你只需要开始给自己做的每一件事赋予意义。

请你想象，你不是为了"还行"来到这个世界的。你存在，不是为了拼命维持"活着"的状态，而是为了创造属于自己的光。你不是去追逐别人的标准，而是去回应你内在的声音。

当你选择不只是"活着"，而是活出你独特的价值，你就已经破开了人生中最大的一堵墙，那堵让你困在"还可以"里的墙。

　　你可以问问自己："这个世界因为我，有哪怕一点点不同吗？"

　　若答案是肯定的，你就已经开始活得卓越。

平庸是选择，卓越也是选择

大多数人认为，平庸是一种"常态"；而卓越，才是少数人的"幸运"。但真正有思考力的人，会意识到：人生的状态，从来不是一种安排，而是一种选择。

你选择了怎样的标准，就选择了怎样的人生。

我们这一生会遇见无数堵墙，有些是外在的：资源匮乏、环境局限、机会稀缺；而有些，则是内在的：懒惰、妥协、对自己的低期待。而后者，才是困住最多人的"隐形高墙"。

我们往往不是败在无能，而是败在"将就"；不是输在没机会，而是输在"不争"。你对自己设定的最低标准，决定了你未来所能达到的最高高度。

平庸，是一种可怕的习惯。它穿着"差不多"的外衣，打着"现实点儿"的旗号，让你慢慢把本来可以成为更好的自己，变成了"也就这样了"的模样。

但同样地，每一次你对自己说"我可以更好一点"，你就在向卓越迈进。真正的分界线，是你每天的选择。

每天早起时，你可以选择多睡10分钟，也可以选择为梦想早起；做一件事时，你可以选择糊弄过去，也可以选择再精进一点点；下班之后，你可以选择瘫在沙发上刷剧，也可以打开笔记本，学点新东西。

这些看似微不足道的选择，一天两天内看不出对你而言有什么差别，但一年之后，就是造就两种完全不同的人生状态。

有些人觉得，"我也没什么做得不好的，怎么就越来越平庸了？"但他们没意识到：平庸不是一夜形成的，而是由成千上万个"我算了""还可以"堆砌而成的。

而卓越的人，并不是每天都比你多努力一倍，而是他们在关键时刻总是多坚持一分钟，多设一个标准，多一次复盘。

他们不是完美的人，而是不接受"差不多"的人。

曾有一位名牌大学毕业的年轻人，刚进入一家全球顶尖咨询公司不久，就参与到某大型客户的初步调研工作中。那是他第一次真正独立负责一份汇报方案。

那天，他连续加班了十几个小时，终于完成了PPT。他自认为这版方案已经有90分了，足以应付接下来的内部审阅。他正准备关掉电脑，却在关机前犹豫了一下——心里冒出一个微弱的声音："如果我再花5分钟，方案是不是会更清晰一点？"

于是，他决定再做一次细化处理。他把其中一个结构图重画了一遍使其更直观，又在方案末尾加了一页"小建议"，总结他调研中发现的潜在的可改进的点。

　　几天后，在客户会议上，正是那页附加的"小建议"得到了对方的高度认可，甚至促成了项目的进一步合作。会后，经理悄悄告诉他："这个客户一向挑剔，但你这份汇报方案真的很棒，细节打动了他们。"

　　这位年轻人从此给自己立下一个原则："永远多做5分钟，不为完美，只为不辜负我能做得更好的想法。"

　　后来，他一步步晋升为核心骨干，也成为行业内小有名气的意见领袖。但在所有光环背后，真正让他不断成长的，是那一连串"我可以再认真一点"的选择。

　　这位年轻人用自己的经历诠释了一件事：卓越与平庸的分界线，从来不是天赋，而是你是否愿意在关键时刻，选择多做那5分钟。

　　这就是卓越与平庸的分界线：不是天赋，而是选择。

　　在一所一流大学毕业10年后的校友聚会上，有人统计过一组数据：5%的毕业生，成了企业家、作家、投资人，走在行业前沿；而另外95%的人，生活平稳，大多做着"安全但没有突破"的工作。

　　当问起原因时，一位老师说："其实不是他们不聪明，而是他们早早地选了'够了'，而不是'更好'。"

　　选择平庸，有时候看起来是一种"务实"，但真正危险的是：当你习惯了对自己妥协，人生也就渐渐失去了突破自我的可能性。

很多人年轻时也有梦想，朝气蓬勃，但后来却不断对自己说：

- "算了，现实点儿吧。"
- "我本来也不是天才。"
- "这年头，稳定就不错了。"

结果，他们真的变得很稳定了——稳定地走向平庸。

你不必和别人比成绩、比薪水、比资源，但你一定要常常问自己："我有没有尽力做到我能做到的最好？"

你会发现，所谓"卓越"，不是你每天都有爆发力，而是你每天都比昨天更靠近自己的信念。

你每天的选择，就是你最终的命运。哪怕只是多读一页书、改好一段文字、推敲一句话，只要你在持续靠近更好的自己，你就已经走在卓越的路上。

没有人注定平庸，也没有人天生卓越。卓越的人只是在每一个普通日子的路口，选择了一个比"差不多"更高的标准。

如果你选择给自己设限，人生就会收缩；如果你选择突破，人生就会开阔。你选择"我还可以更好"，你就已经迈出了通往卓越的第一步。

所谓思维升级，就是敢于推翻自己

真正阻碍一个人成长的，往往不是环境，不是他人，甚至不是失败——而是你不敢推翻那个"已经形成的自己"。

你走不出去，是因为你一直在重复旧有的思维方式；你改不了，是因为你太执着于"我一直是这样的人"。

但人生的真正飞跃，从来不是"改进一点点"，而是敢于推翻旧逻辑、旧身份、旧认知，从根本上重塑自己。

就像畅销书《心态致胜》的作者卡罗尔·德韦克所说："成长型思维的第一步，不是学会，而是承认自己过去可能理解错了。"这句话听起来刺耳，却体现出一种成熟的勇气。

真正厉害的人，都是"推翻型选手"。他们最擅长的，不是坚持，而是更新自己诠释这个世界的方式。

亚当·格兰特是沃顿商学院最年轻的终身教授之一，畅销书《逆思维》的作者。他在成长过程中并非一帆风顺，反而经历过一次"彻底推翻自己教法"的巨大转折。

刚开始执教时，他非常注重课堂掌控感。他准备了详尽的讲义，规划好每一分钟的流程，认为一个优秀的教师必须拥有清晰的教学结构和绝对的权威感。

但意外来了：学生的课堂反馈不高，参与度不强。虽然他的课程逻辑清晰、内容丰富，却缺乏学生共鸣。

他陷入了深度反思。他意识到，自己追求的"专业感"其实是一种伪装——他害怕失控，害怕学生提出他无法即时应对的问题。

于是他决定冒一次险：推翻原来的课程逻辑，把权力交还给学生。

他开始尝试放松节奏，加入更多讨论、自由发言、主题投票环节，甚至允许课堂过程中出现沉默与分歧。

一开始他极度不适应，甚至感到焦虑。但结果是令人震惊的——课堂互动活跃度飙升，学生评价大幅改善，甚至他的课程还成为校内最受欢迎的选修课之一。

他说过一句意味深长的话："我曾以为老师是传递答案的人，后来才意识到，老师是唤醒问题的人。只有我先推翻自己，学生才愿意打开自己。"

很多人认为成长就是"我在原来的基础上变得更强"，其实，真正的飞跃是你敢于放弃旧系统，从底层重装思维。最强大的成长，不是"升级技能"，而更像是"重装系统"。

就像一台电脑老是出现卡顿，不是因为它多装了几个程序，而是系统架构太旧了，已经撑不起你现在的需求。

20世纪80年代初，桥水基金的创始人瑞·达利欧因为错误预测经济趋势，导致公司几乎破产。他曾一度认为美国经济将陷入大萧条，结果却完全看错了方向，以致客户资金大量撤离，公司账户几乎归零。

他回忆那段时光时说："我把自己逼近了墙角，不只是对经济趋势判断错了，更重要的是，我发现我的整个决策系统出了问题。"

大多数人经历这样的重创后，可能会选择"更加小心"或"加强分析手段"，但达利欧没有止步于"升级技能"。

他选择了更痛苦也更彻底的一条路——推翻自己原有的认知系统，构建一套全新的、基于"极度真实与极度透明"的原则体系。

他开始在公司内部推行"头脑开放、毫无保留的反馈文化"，允许下属直接挑战他的观点，甚至鼓励大家找出他的思维盲点。他要求团队不仅分析"怎么做"，更要反思"我们为什么会这样想"。

这个系统打破了层级壁垒，让最好的观点而非"最大声的人"的言论被采纳，公司的决策更加理性、效率更高。随之而来的是，桥水基金在风控与市场建模方面的精度迅速提升，因为他们每天都在消化"错误反馈"，调整策略，而不是回避问题。

这套"重装系统"逐渐成熟后，桥水基金从一家差点破产的小公司，成长为全球最大的对冲基金。1991年后，桥水连续多年稳定盈利，并在2008年金融危机中实现逆势，盈利45亿美元，成为当年华尔街表现最好的基金之一。

这个案例正好诠释了成长不是继续添加更多"功能"，而是当系统已经老旧不堪时，你敢不敢做出那个极具勇气的决定：彻底清空旧逻辑，重装新的操作系统。

想要更自由、更强大、更灵活，你就必须敢于问：

- "我是不是一直在用老办法解决新问题？"
- "我是不是太习惯于原来的身份，而错过了其他可能？"
- "我是不是该停下来，把旧逻辑彻底清空，再想一次？"

你越不敢动摇那个"过去的我"，你就越容易被困在原地。

成长从不是"强化过去"，而是"松动现在"。真正的高手，从不依赖"我一直是谁"，而是不断更新"我现在成为什么样的人"。

你要知道：原来的你，不代表现在的你；你过去的信念，不一定适合现在的局面；你一直以来的解决方式，也许正是你卡在现状中的原因。

　　人生最深的勇气，是有一天你能说："我当初是这样想的，但我现在不再这么看。"那不是否定过去，而是为现在打开新的可能。

为什么不试试"做减法"？

我们习惯把成长等同于"拥有更多"：更多知识、更多技能、更多计划、更多尝试。

于是，我们把日程塞满，把课程表排得密不透风，想一口气学完5门课、看完10本书、做好3份副业。可一段时间过去后，我们并没有变得更强，反而更累、更焦虑。

不是你不努力，可能是你努力得太分散了。

成长不是不断添加，而是不断聚焦。真正的跃迁，不是多做一点，而是删掉90%，只做最关键的10%。做得多，并不一定会更好。

- 你每天学习3个小时，但把时间分给了5个不同的主题。
- 你开启了多个项目，但没有一个做到深入。
- 你制定了一堆目标，却每天被任务追着跑，反而陷入焦虑。

你在拼命努力，但你的成长却被"加法焦虑"绑架了。我们以为成长就是收集，但成长真正的本质是筛选。你需要的不是更多，而是更清楚。

知名TED演讲教练克里斯·安德森在一次培训中告诉一位学员："你不是该准备更多内容，而是该想想：如果只让你讲一句话，你最想让听众记住哪一句？"

很多演讲者以为"内容充实"最重要，结果讲得太多，反而没人记住他讲了什么。

而克里斯教给大家的是：不要想着你要讲什么，而是要反过来想听众最容易忘记什么、你必须删除什么。

一位曾经被他辅导过的心理咨询师，在删掉冗余内容后，将一个原本90分钟的讲座浓缩成了一段17分钟的TED演讲，最终播放量超过3000万次。

这就是做减法的力量。

成长不是做加法，而是要提炼。很多时候，我们停滞不前，不是因为不努力，而是因为方向模糊、重点不清。这就像你想煮一锅浓汤，却不断往锅里加水。水加多了，味道却淡了。同样地，真正让人记住的，不是你说了多少，而是你留下了什么。

如果你每天都在追赶各种机会、模仿各种高手、学习各种技能，但没有一个方向特别清晰，那么你很可能只是跑得很快，事实上却跑错了方向。

而做减法，就是为了回到那个你最想知道的核心的"为什么"。

加里·凯勒是全球最大房地产培训公司Keller Williams的创始人，也是畅销书《最重要的那一件事》的作者。

他早期曾是一名"多线程狂人"——多项目、多日程、多任务切换，是个典型的时间效率达人。

但后来他发现，虽然自己每天都在做事，事情却总是完成得很一般，团队效率也持续下滑。他意识到，这种"什么都抓一点"的状态，其实是在稀释自己的专注力。

于是他决定反其道而行：删掉能删的一切任务，只问自己一个问题：

"我现在最该做的一件事是什么？"

他将这个原则推广到公司所有层级。员工每天只专注于推进最重要的一项任务，不被打断、不多线程、不追热点。

结果，公司效率大幅提升，核心产品线利润翻倍。

做得少，不是懒惰，而是精确。你不是要让自己看起来很忙，而是要看清楚什么才是真正值得忙的事。

做减法，才真正有力量去聚焦于一件事。你可能听过一句话："伟大的作品往往是删出来的。"

画家达·芬奇创作《蒙娜丽莎》时，只用了极少的笔触去塑造面部轮廓，却让这幅画成为千年不朽的艺术品。

作家海明威说："第一稿的80%是可以删的。"简洁、克制、精准，才是作品穿透人心的秘诀。

人生亦是如此：真正好的人际关系，不在于联系人多，而在于几个是真心的；真正强的能力，不在于技能庞杂，而在于某方面钻得深；真正有效的时间管理，不在于把时间都塞满，而在于把时间都安排得井井有条。

做减法，不是让你什么都不做，而是让你更清楚什么必须要做。它不是懒散，而是聚焦；不是逃避，而是精准。

当你开始问：

- "这件事真的有价值吗？"
- "这个计划是必须做的吗？"
- "我是不是被自己的贪婪搞得太累了？"

你就开始从"看起来努力"，转向"目标清晰明确"，真正实现成长，你会因此感到更轻松、做事更有成效。

走远路的人，从不图快

不用我说，你肯定发现了，我们所处的时代，十分崇尚"快"：快速学习、快速变现、快速上热门、快速出成果。

如果三天看不到进展，我们就怀疑自己的方法是否奏效；如果一周看不到成绩，我们就怀疑自己的能力是否足够。

于是，"坚持"变成了一种奢侈，"深耕"显得落伍，"慢下来"反而让人焦虑。

但你有没有发现，那些真正走得远、活得稳、厚积薄发的人，从不急于求"快"，而是专注于求"深"和"久"。他们不是懒，也不是慢，而是懂得如果目标够远，就不能用冲刺的节奏来奔跑。

相信你一定听过很多"爆款创业""网红崛起""短期暴富"的故事，但也看到过无数"快速红利"之后的跌落与泡沫。很多人用尽力气打了一场漂亮仗，却没能力撑起第二场。

为什么？因为他们追的是短期快感，而不是长期构建。他们的成功像火柴，点燃很快，烧完也很快。

反观那些真正持续发光的人，他们几乎都有一个共同点：

不图快，而图长远。他们知道，"快"的对手太多，而"稳"的竞争很少。前者靠运气，后者靠能力。

被誉为"销售之王""时间管理教父"的布莱恩·特雷西，在功成名就之前，也曾是一个毫无方向感的年轻人。

他没有出色的学历背景，也没有家庭资源的支持。年轻时他辍学打工，搬过砖、刷过盘子、做过清洁员。那时的他像无数普通人一样，过一天是一天，靠体力换饭吃。他说自己"那时候连3天后的饭钱都不确定"。

后来，他得到了一份销售工作，推销年金保险。

销售是一个"吃你本事"的行当，不看资历、不看学历，只看结果。公司也没有培训，只是给了他一叠传单和一串电话名单，就让他自己去"拼命"。

他非常努力地干了几个月，但结果惨不忍睹：没有签下一单，没有拿到一分钱提成，生活每况愈下。很多同期入职的新人都已经转行，他也一度想要放弃。

但在一次彻夜难眠的自我反省中，他突然换了一个问法。他没有问"我怎么这么倒霉"，而是第一次认真地问自己："是不是我哪里还没准备好？是不是我根本不懂销售，只是在乱撞？"

这句话点燃了他的希望，也成为他一生的转折。

他决定不再胡乱"努力"，而是系统地学习、拆解、打磨——他要慢慢成为一个真正专业的销售员。

他做了一件"在旁人看来极慢"的事：每天只学习一个销售技巧，只练习一个细节。比如：

· 今天只练如何开场不尴尬；

· 明天只练如何应对拒绝；

· 后天只研究客户心理模型；

· 接下来的几天，只练"成交前最后一句话"怎么说最有力量……

他会每天凌晨起床，看书、做笔记、通过听音频模仿学习行业内最强销售员的话术；然后站在镜子前一遍一遍地练说辞，调整表情和语速；晚上复盘通话录音，把失败案例一条条拆解。

别人忙着"找更多客户"，他却在"打磨自己"。他不是在"追快"，而是在"打基础"；不是求"爆发"，而是在"筑底"。

这一年，他稳稳地从全公司最差变成了销售冠军。他签下的客户，续约率极高，口碑又好，甚至很多客户主动帮他介绍新客户。

更重要的是，他逐渐建立起自己的"销售方法论"，开始为公司内部做培训、写教材、带团队。

几年后，他离开公司，创办了自己的培训机构。再后来，他写书、做演讲、全球巡讲、登上畅销榜，成为世界级的时间管理大师和个人成长教练，影响了超过7000万人。

布莱恩·特雷西曾说："任何值得拥有的结果，几乎都需要长期耐力。而耐力的关键，在于你是否真正愿意为长期价值而慢下来。"

走远路的人，从不图快。慢，是一种清醒，是你知道自己真正想成为什么样的人，然后愿意从基础做起，从底层扎根。

人生最强的杠杆，是复利，而不是爆发。布莱恩·特雷西选择了"复利式的成长"，而不是一时惊艳，他步步扎实、日积月累，最终开辟了属于他自己独一无二的康庄大道。他没有"一夜成名"，但他用"日复一日打磨自己"的慢，赢得了全世界的掌声。

快，是为了解决眼前的需求；慢，是为了沉淀系统性的能力。

快，是为了结果；慢，是为了积累决定结果的"基本盘"。

就像种树，你可以拼命催促树快快长高，但如果根扎得不够深，遇到一点大风，它就倒了。而那些看起来长得慢的树，其实根早就扎进了地下深处。

真正的高手，不担心眼下不红、不怕暂时沉寂，因为他们知道：扎得越深，未来才能撑得越稳。跑得快的人会赢得前半程，而坚持跑的人会赢下整个人生。

京瓷和KDDI两大巨头的创始人稻盛和夫，被誉为日本经营之圣。他一生创办了3家世界级企业，却从来没有讲过"弯道超车"，反而主张不管走得多慢，也不能离开正道。急于成功，反而难以成功。

他在创业初期坚持"慢养人才、稳打根基"的理念：宁可花3年时间培养一线技术员，也不愿选择"空降专家"；宁可一个产品打磨5年，也不急着上市应景。

他旗下的企业几乎穿越了所有经济危机。他晚年说得最动情的一句话是："我这一生没走捷径，但我不后悔。"

他的慢，是深度的铺垫，是厚积后的厚发。他不讲速度，只讲品质。

真正的远，不靠速度，而是靠系统性积累。你想成为一个有深度、有成果、有影响力的人吗？那么，请暂时忘掉"短期快感"，改问自己：

- 我是不是建立了可以持续的节奏？
- 我有没有一个值得复利增长的方向？
- 我的系统够稳吗？我的基础够牢吗？

你不是靠一次爆发取胜的，而是靠在没人看见的时候也能咬牙坚持的"慢"而取胜的。世界上最安静的时间，就是你在背后默默积累的时候；世界上最坚定的自信，就是你知道哪怕现在还没看到结果，你也在走对的路。

成长，不是冲刺，不是高歌猛进，更不是三天打鱼两天晒网的兴奋感。它更像一场马拉松，是你在无数次想放弃的时刻对自己说一句："我不图快，我图远。"

你想要的生活，不靠运气，而靠设计

你有没有问过自己这样一个问题："我现在的生活，是我设计出来的吗，还是我只是碰巧走到了这里？"

很多人误以为自己的人生是一连串"碰巧"：碰巧进了这家公司，碰巧遇见这个人，碰巧有了一个机会，或者……碰巧一直不顺。

但真相是，你今天的生活不是偶然，而是过去无数选择的累计结果。

你做过什么决定，你回避了哪些不安，你坚持了什么习惯，你妥协了哪些底线，你以为你是在"生活"，其实你是在"默默设计"。

问题是，你有没有在"有意识地设计"，还是你只是任由时间把你推向某个随机的位置？

有一句话说得好："运气只帮那些有准备的人，其他人只是刚好路过。"这个世界上，很多人都不是靠"刚好幸运"，而是靠有策略地规划人生结构而获得成功的。

你如果想要什么样的未来，现在就得动手设计这个未来。

不是等机会到来，而是制造机会；不是随波逐流，而是用目标引导方向；不是盼好运降临，而是不断优化自己的人生系统。

在成为畅销全球的《原子习惯》一书的作者之前，詹姆斯·克利尔不过是一个在高中棒球队打替补的小伙子。

更残酷的是，他曾在一次比赛中被球棒意外击中脸部以致脑震荡而昏迷，几乎影响了一生的认知和身体协调能力。康复过程漫长而痛苦，他一度觉得他的人生就要被这个"意外"粉碎了。

但他没有"等运气好一点"，也没有"顺其自然看以后会怎样"，而是开始从最基本的行动出发，一步一步地"重建人生"。

康复初期，他做了一件非常"慢"的事：他每天给自己设定3～5个可控的小目标，比如"阅读15页书""坚持做5个俯卧撑""整理卧室"。他把这些行为变成一种日常化任务，不是为了马上变强，而是为了把"重建自己"变成一个系统，而不是情绪冲动的决定。

他每天记录自己的进步，分析哪种行为更容易坚持，甚至给自己的生活设定了一套"习惯触发系统"：早起后第一件事、晚上睡前最后一件事、餐后例行行动……逐步把"想做"变成"下意识地去做"。

这些习惯的累积，让他逐步恢复了身体和专注力，大学时期他不仅成为棒球队的主力，还获得了奖学金，之后又考入高等学府继续深造，并将这些"微小但持续有效的自我设计策略"形成系统并写出来。

几年后，他把这套方法论写成了《原子习惯》一书。这本书一经出版就火爆全球，成为改变无数人行为模式的经典之作，累计销量突破1500万册，被翻译成50多种语言，成为个人习惯与人生设计领域的代表性教材。

詹姆斯·克利尔的成功不是"幸运反弹"，而是一次长期、持续、逻辑清晰的自我设计工程。

人生不会自动变好，它必须被有意识地设计。每一个你以为微不足道的小选择，其实都是你未来生活的草图。

很多成功人士，表面上看是"突然爆红"的，实则是靠一块块砖、一滴滴水积累而成功的。他们的生活并非完美无缺，但是有章可循。

他们会设定目标，但更重视系统。

他们会调整节奏，但从不偏离方向。

他们会犯错，但每次都从错误中重新规划，而不是任由错误主导下一步。

设计生活，不是每天画日程表那么简单，而是你愿不愿意把责任从环境拉回到自己手上。比如：

· 你是否明确知道，自己在什么方向上要变得更好？

- 你是否主动为自己的精力、时间和注意力设置"优先级"？

- 你是否愿意放弃短期快感，去构建长期复利？

- 你越早开始有意识地设计生活，就越早脱离"被选择的命运"，转而走向"自主人生"。

- 当然，生活不是一张可以一次画好的蓝图，它更像是一张可以不断修订的草图。

你今天的设计，可能一年后就不再适用；你现在的目标，也可能3年后就需要更替。但这并不代表你失败了，恰恰相反，这说明你正在与自己的人生保持对话，你是在更新，而不是迷路。

詹姆斯·克利尔之所以能用一个"原子级"的概念撬动全球人的改变，不是因为他掌握了什么天机，而是他抓住了一个底层逻辑：不是等你状态好了再行动，而是通过设计行动来塑造状态。这就是生活设计的核心价值。

所以，别再问"我什么时候能走运"，而是要问："我今天有没有为自己的生活多设计一格？"

你期待的好运，不是天上掉下来的，而是你一点一滴积累、慢慢创造出来的结果。

从现在起，请开始认真设计你的每一天。

因为你正在过的每一天，就是你未来生活的样子。

高标准，是自我超越的起点

很多人误解了"高标准"。他们以为高标准就是追求完美、事事严苛，对自己"太苛刻"了。但真正的高标准，不是折磨自己，而是尊重自己。它是一种对自己负责的姿态，是一个人愿意活出更大潜能的起点。

你之所以还停留在原地，常常不是因为做得不够，而是你对自己要求太低。你明明可以更好，却默许"差不多就行"；你本可以再多走一步，却因为别人也没有那么努力，于是便原地休息。

平庸从来不是结果，而是你把"标准"放低之后的自然流向。

真正开始改变人生的那个时刻，不是你做了什么惊天动地的事，而是你突然决定不再用旧标准要求自己。

如果你想要创立一家10亿美元的公司，就不能用创立1000万美元公司的方式去思考。而谷歌的联合创始人拉里·佩奇就是用这样的标准去领导谷歌走向辉煌的。

在谷歌创立早期，他提出了著名的"10X思维"（10倍原则）——做任何产品，都要比现有方案快10倍、好10倍、强10倍。

有人觉得这个标准太疯狂、太不切实际。但拉里·佩奇说，这不是为了"看起来很牛"，而是如果你的标准只是比别人好一点点，你就很容易被人替代；但如果你逼自己做到比别人好10倍，你将进入无人可与你竞争的领域。

事实证明，这种高标准的确创造了谷歌在"搜索王国""地图革命""自动驾驶""量子计算"等领域的领先优势，也彻底改变了科技行业的竞争格局。

而这些，起点都不是技术，而是一个更高标准的设定。

很多人说自己"没有动力"，但真正的问题是：你的目标太低、标准太低，所以你永远没有"非做不可"的理由。

你想锻炼身体，却只设定"有空就去"；你想写作，却从不给自己定量；你想跳出平庸，却每天都"尽力就好"。结果就是，你永远在原地踏步。

一个人能不能成长，取决于他对"自我要求"的边界设定。也就是说，如果你连"自己可以做得更好"都不相信，那你的人生也不会主动逼近卓越。

而制定高标准不是让你焦虑，而是给你一个更强的理由去优化行为、突破惰性。

说到这里，你可能觉得高标准是一种"完美主义"，但其实高标准并不倡导你追求完美，也不鼓励你一味图快，它的本质是"成长主义"。

也有人会说："可我一设定高标准就焦虑，一失败就否定自己。"而这恰恰说明，你设定的不是高标准，而是混淆了高标准和完美主义。

完美主义是指"必须做到100分，否则不配继续下去"；高标准是指"我知道今天做不到100分，但我一定要朝这个方向靠近"。

完美主义让人僵住；高标准让人成长。

你不是为了"立即做到"，而是为了"拉高自己对什么是好、什么是值得的、什么是可以更好"的判断力。

高标准的意义，不是做给别人看，而是你想成为一个值得自己尊敬的人。

而蒂亚戈·福特就是一个遵循高标准的人，他是"第二大脑"理念的提出者，也是一位信息整理领域的先行者。他曾是一名多病缠身的患者，一度因为神经系统疾病不得不中断学习和工作。

在恢复过程中，他意识到，自己要想掌握新知识、创造高效成果，就必须建立一套比普通人更清晰、更高效的系统。

于是，他为自己设定了一个"内容输出标准"：任何知识输入都必须转化为输出形式（笔记、思维图、微文等），否则视为"未消化"。

他在每次读书、上课、听播客之后都会做笔记，不仅记录要点，还会重新组织内容的结构。他坚持每周复盘一次，把一切"无效信息"归类清除，强化对有价值内容的沉淀。

有人问他："你是不是有信息强迫症？"

他笑着说："不是强迫，而是我知道自己想成为什么样的人，那就不能接受低效和混乱。"

这一高标准的内容管理方式，不仅帮助他走出了疾病阴影，还让他成为全球生产力领域最受欢迎的讲师之一。他出版的《打造第二大脑》被誉为知识工作者的"现代心法"。

一个人想要走出平庸，靠的不是好运，也不是灵感爆发，而是他有没有给自己一个更高的基准线；不是你"能不能"，而是你"愿不愿意"——愿意不再说"差不多"，不再给自己找借口，而是告诉自己："我配得上那个更好的自己，我愿意为他设下更高的门槛。"

高标准，不是目的，而是方向；不是压迫，而是唤醒。

你愿意对自己提出高标准的那一刻，才是你人生真正开始翻篇的起点。

从平庸到卓越，是无数普通时刻的积累

我们以为卓越是一场爆发，是一次奇迹，是某个转折点让命运彻底反转。其实，卓越不是突然发生的，而是你在无数普通日子里偷偷下的决定。

你坚持了一天，别人没发现；你又坚持了一个月，还是没人鼓掌；你开始怀疑，坚持到底值不值得……可当你穿越了那个最寂寞的阶段，回过头来看，原来那个"日拱一卒"的你，才是真正打通命运之门的自己。

我们总是渴望飞跃，但人生更常见的是一毫米一毫米的爬升：

- 你早起5分钟，阅读一页书；
- 你拒绝一次无效社交，专注地完成一项任务；
- 你在所有人都在松懈的时候，还在悄悄为自己做一点点加法……

这一切看起来都不是什么惊天动地的大事，却在悄悄为你铺出一条与众不同的轨道。

但很多人会问："如果我真的一直坚持做那点'小事'，

真的会有结果吗？""那种默默积累的力量，真的能打通人生的命运之门吗？"

是的，能！

因为在这个世界上，真正从平庸走向卓越的人，靠的从来不是一次爆发，而是无数个看起来"没人在意"的时刻。他们不是突然被看见，而是在长年累月的坚持中把自己的努力"养成了奇迹"。

比如下面这位，你也许听过他创造的角色，但未必知道他那几十年如一日的坚持。

查尔斯·舒尔茨从小并不被看好。他学习成绩平平，体育成绩垫底，也不善于社交。最初他投稿漫画时，收到的不是编辑的夸奖，而是一封封冷冰冰的拒绝信。

他曾把自己的一幅作品寄给迪士尼公司，对方退回来，并附上一句话："你的风格还没准备好。"

可就是这样一个被拒绝了几十次的人，却在后来画出了惊艳世界的经典作品——《花生漫画》。

1950年，《花生漫画》终于在美国的几个报纸的小角落连载。他给自己定下了一个不被任何人注意的"小标准"："无论刮风下雨，无论是否灵感枯竭，我每天都要画一格。"

而这个"每天一格"，他坚持了整整50年。

没有团队，没有代笔，他每天早上6点起床，自己画线、上墨、生成气泡字。他说："我不是最会画画的，也不是最幽默的，但我能做的就是永远不要中断这一天。"

50年间，他画了超过17000格漫画，塑造了查理·布朗、史努比、露西等家喻户晓的角色，成为全球影响最广的漫画作品之一。即使在他去世的前一天，他还坚持完成了最后一格手稿。

他没有靠一次"灵感爆发""一夜爆红"，只有日日夜夜那张画桌上持续响起的笔尖摩擦声。

《纽约时报》曾这样评价他："他把最微小的坚持化成了最有温度的哲学。"

这就是"从平庸到卓越"的真实路径——不是靠天赋，也不是靠运气，而是靠你在别人不看好时依然愿意为自己多做一点，在无人给你掌声时依然不肯放弃当初那份热爱的坚持。

你每天做的那一点点小事，也许不会立刻带你飞起来，但它会在你人生的某一刻悄悄推开那扇你曾以为打不开的门。

我们这一生会遇到太多"看似过不去"的坎：别人设下的限制、现实带来的挫折、时间留下的焦虑，甚至是自己内心那句反复播放的低语"你可能不行"。

可现在你要明白：真正的障碍，不是墙本身，而是你以为那是终点。

请你相信，从今天开始：

每一个小的改变和练习，都会汇聚成你新的走向。

每一次选择更高标准，都是在提升你自己的高度。

每一堵墙，只要你愿意靠近，就一定能找到藏着的那扇门。

那扇门，也许通往更自由的时间、更有意义的工作、更清晰的自我或者更广阔的世界。

但最重要的是：那扇门的钥匙，一直在你手里。

你要做的，就是开始敲一敲、推一推，勇敢走近一点点。

因为——**凡墙皆是门**。